US ARMY TRANSFORMATION STUDY
—STRATEGY, EQUIPMENT AND TECHNOLOGY

美国陆军转型研究
——战略、装备与技术

魏永勇　曹俊卿　耿德珅　花明珠　编著

北京理工大学出版社
BEIJING INSTITUTE OF TECHNOLOGY PRESS

版权专有　侵权必究

图书在版编目（CIP）数据

美国陆军转型研究：战略、装备与技术 / 魏永勇等编著． -- 北京：北京理工大学出版社，2024.7.
ISBN 978-7-5763-4402-8

Ⅰ．E712.51

中国国家版本馆 CIP 数据核字第 20241S2G33 号

责任编辑：王梦春　　文案编辑：杜　枝
责任校对：刘亚男　　责任印制：李志强

出版发行	/ 北京理工大学出版社有限责任公司
社　　址	/ 北京市丰台区四合庄路 6 号
邮　　编	/ 100070
电　　话	/（010）68944439（学术售后服务热线）
网　　址	/ http://www.bitpress.com.cn

版 印 次	/ 2024 年 7 月第 1 版第 1 次印刷
印　　刷	/ 廊坊市印艺阁数字科技有限公司
开　　本	/ 710 mm × 1000 mm　1/16
印　　张	/ 13.75
字　　数	/ 167 千字
定　　价	/ 72.00 元

图书出现印装质量问题，请拨打售后服务热线，负责调换

前　言

美军，特别是美国陆军，自陷入伊拉克、阿富汗、叙利亚的治安战泥潭以来，恍恍惚惚，突然惊呼世界已变，已"失去十年"，并摆出痛定思痛的架势，大肆宣扬未来十年（2035年之前）至关重要，关乎美国在国际上的地位，美军一定要尽全力保护美国的荣耀、人民和信仰。

姑且不论美国的改变将对世界产生什么影响，美军的忧患到底有几成是真，美军仍然牢牢占据着世界第一军力的位置，仍然稳定地在全球展开部署，军费、装备与科技实力也远胜他国。同时，美国也仍然毫无疑问地在引领着世界的科技创新，比如现在甚嚣尘上的人工智能、大数据，还供应或把控着世界的基础软件、网络、金融等诸多方面，并没有倾颓的迹象。美军和美国仍然具备十足的研究价值。在这种背景下，美军进入21世纪第二个十年的下半段和第三个十年时做出的急迫的改革姿态和举措也万众瞩目，引发其他国家观察、思考、追赶和超越。

而在这些改革行动中，尤以美国陆军最为突出。陆军在美国各军种和最近的几次作战活动中并不显眼，却在近期提出了广受关注的作战概念。其实，考察美国陆军最近这些年的进展，就会发现事情并非那么简单。美国陆军实际上在这段时间内积极地谋划和实施转型，在新兴科技的加持下，其改变可以说是系统性和颠覆性的。

本书的目的就是对美国陆军近期的现代化转型进行简单的介绍，从中发现事物发生的脉络、背景、现状和细节。本书的思路和主要结构如下：

首先，考察了美国陆军所认识到的战略环境，通过对美国国家、国防、军队三级战略相关文件的解读，明确了美国陆军创新作战概念、进行编制体制改革和进行现代化建设的时代背景。当前，大国竞争已成为美国官方、美军和美国陆军的共识，在其出台的多部文件里，都将中国列为最大假想敌。虽然其一再强调与中国的冲突控制在竞争范畴，但其阻遏的意图极为显著。这主要体现在本书第1章的前半部分。

其次，从军种发展思想和举措两大方面聚焦美国陆军在近一段时期内的积极转型。在军种发展思想上，通过解读陆军本军种的战略构想、作战概念、愿景等相关文件，对其总体发展思路进行了剖析。美国陆军在思想上最大的特点是提出了"多域作战"概念，作为应对国际形势的指导，并进一步影响了美军其他军种。而其面向未来的概念构想也逐步形成体系，日渐发挥作用。这些主要体现在本书第1章的后半部分。而对于其发展举措，本书从条令建设、编制体制建设、重要领域能力、训练演习、创新文化等几个方面进行了探讨。重点关注了美国陆军新版作战条令和城市作战条令，陆军未来司令部这一在概念生成、编制改革和科技发展上起到关键作用的组织架构，陆军兵力结构改革特别是以旅为中心的架构向构建新型师级编制转换和试验性联合多域特遣部队的构建，以六大优先发展项目群为抓手的能力建设以及其相关的数据战略、网络现代化、人工智能与无人自主系统发展等，美国陆军为实现作战能力生成进行的重大作战实验演练（如"会聚工程"等）。这些主要体现在本书第2章。

再次，针对美国陆军近期现代化转型中涉及的装备和科技进展与项目，以及部分设施建设等进行了罗列与介绍。基本涵盖了侧重物质的火力、机动、防护等层面，面向人感知认知的相关技术和装备层面，和联络两者的指挥控制、网络电磁与通信层面，以及人工智能、自主系统等相关支撑技术的进展。包括美国六大优先项目群中的重点项目和部分科技进展等。这些主要体现在本书第 3 章。

最后，通过对美国陆军近期现代化转型的总结思考，为我军相关建设提出了一些建议。

尽管本书搜集了近期美国陆军在战略、概念、编制、技术、装备等方面的多种信息，但由于编著者能力有限，书中必然存在疏漏。不足之处，欢迎读者批评指正。

目 录

1 战略指导 ··· 1

  1.1 国家战略 ·· 1

    1.1.1 国家安全战略 ·· 1

    1.1.2 国防战略 ·· 3

    1.1.3 国家军事战略 ·· 8

  1.2 军种发展 ··· 10

    1.2.1 战略构想 ··· 11

    1.2.2 多域作战概念 ··· 19

    1.2.3 未来司令部相关作战概念 ································ 28

    1.2.4 陆军网络与电子战作战概念（2025—2040） ········· 32

2 军种建设 ·· 37

  2.1 条令 ·· 37

    2.1.1 陆军《作战》条令 ·· 37

    2.1.2 陆军《城市作战》条令 ·································· 41

  2.2 编制体制 ··· 45

>　　2.2.1　未来司令部 …………………………………………… 45
>　　2.2.2　"瞄准点"兵力结构倡议 ……………………………… 48
>　　2.2.3　"路径点"部队转型 …………………………………… 51
>　　2.2.4　多域特遣部队 ………………………………………… 54
>　　2.2.5　旅的建设和师的回归 ………………………………… 57
> 2.3　领域能力 ……………………………………………………… 65
>　　2.3.1　重要项目群 ……………………………………………… 65
>　　2.3.2　数据战略实施 …………………………………………… 77
>　　2.3.3　网络现代化建设 ………………………………………… 85
>　　2.3.4　机器人、智能与自主系统发展 ……………………… 110
> 2.4　训练与演习 …………………………………………………… 127
>　　2.4.1　联合概念评估演习 …………………………………… 127
>　　2.4.2　"会聚工程"作战实验 ……………………………… 129
>　　2.4.3　"网络探索"实验 …………………………………… 137
>　　2.4.4　合成训练环境 ………………………………………… 144
> 2.5　创新建设文化 ………………………………………………… 149

3　装备与科技发展 ……………………………………………………… 154

> 3.1　火力、机动与防护 …………………………………………… 154
>　　3.1.1　远程精确火力 ………………………………………… 154
>　　3.1.2　巡飞弹 ………………………………………………… 155
>　　3.1.3　下一代战车 …………………………………………… 156
>　　3.1.4　机器人僚机试验项目 ………………………………… 160
>　　3.1.5　自主多域发射车 ……………………………………… 164
>　　3.1.6　未来垂直起降飞行器 ………………………………… 165
>　　3.1.7　一体化防空反导项目 ………………………………… 170
>　　3.1.8　主战装备升级与列装 ………………………………… 172
>　　3.1.9　新型弹药研发 ………………………………………… 174

3.2 感知认知 …… 174
3.2.1 地面层系统 …… 175
3.2.2 机载情报监视与侦察能力 …… 176
3.2.3 美国陆军综合视觉增强系统 …… 178
3.2.4 同一世界地形系统 …… 180
3.2.5 探索新型观察感知能力 …… 185

3.3 指挥控制、网络电磁与通信 …… 186
3.3.1 CMOSS标准和车辆网络化能力建设 …… 186
3.3.2 利用智慧城市基础设施提供通信支持 …… 189
3.3.3 面向未来作战的电子战能力 …… 190
3.3.4 指挥所计算环境专用软件开发 …… 195
3.3.5 自主网络、5G、量子通信等 …… 196
3.3.6 数据管理与软件开发 …… 197

3.4 人工智能与自主系统 …… 198
3.4.1 美国陆军测试有史以来最大的无人机蜂群 …… 198
3.4.2 用于视觉增强系统的混合现实软件 …… 199
3.4.3 数字士兵：用于城市战环境的人工智能系统 …… 201
3.4.4 人工智能预测与探测 …… 204

总结与建议 …… 206

1 战略指导

1.1 国家战略

自2004年以来，美国将其战略体系分为四级：国家层面的国家安全战略（National Security Strategy）、国防战略（National Defense Strategy）、国家军事战略（National Military Strategy）和较偏实践的战区战略（Theater Strategy）。其中，国家安全战略考虑综合运用政治、经济、外交、信息和军事力量达成国家目标，国防战略考虑采取多层主动防御手段营造尊重主权的有利条件和安全的国际秩序，国家军事战略仅考虑如何分配和应用军事力量达成国家的特定目标。各军种的战略层次均低于国家军事战略的层次，且服从以上各国家级战略，侧重于研究本军种能为国家实现的发展规划。

1.1.1 国家安全战略

美国拜登政府于2022年10月12日发布了新版《国家安全战略报告》。该报告中称，美国正处于"决定性的十年"，必须致力于解决两大问题：与中国等大国日益加剧的竞争，特别是"在与中国的竞争中获胜"(Out-competing China),还有包括大规模流行病、气候变化、通货膨胀和其他经济安全危机在内的全球性挑战。拜登政府认为,美国必须准备好与对手合作解决世界性问题,如气候变化、粮食安全和能源问题,还须采取行动,深化与其他"民主国家"的关系,区别对待所谓"专制国家",特别应确保具有领先中国和俄罗斯的竞争优势。战略制定三条工作路线:一是通过加强经济、确保关键基础设施安全、投资于微芯片与半导体等关键技术,加大美国的影响力投资;二是通过深化贸易与安全协议,建立"尽可能强大的国家联盟",以应对全球挑战;三是实现军队现代化,以应对中、俄等国的战略威胁;同时,还要保护国土免受恐怖威胁。

从总体上看,该报告继承了过去两届美国政府的战略理念,战略目标仍是维护美国霸权,战略手法仍是投资、结盟、竞争等基本手法,战略态势仍是总体积极防御与印太和欧洲方向进取。该报告反映了美国战略理念的几点重要变化:①对世界局势看法的重大变化,认为世界进入民主国家与威权国家的大国竞争时代。②美国对外主要矛盾的变化,聚焦中俄挑战,但将俄罗斯从"并列对手"降为"次级威胁",而进一步提升了中国的竞争者地位,且冷战之后首次将一国定位为"最大的地缘政治对手",并以"决定性十年"方式给出了时间窗口,对抗意味极为显著。③国际秩序观的变化,确保美国塑造国际秩序的绝对能力优势。拜登政府认为,到2030年,美国必须首次同时威慑两个主要核武器国家。对此,美国的主要导向是:超越中国,制约俄罗斯。

在军事安全政策上,拜登政府的目标是增能提效。其具体提法包括:重申将中国作为美军的"紧迫挑战",保持"核三位一体"的明确意图;强调国防工业基础对实现美国国防目标的重要性,进一步增加投资在"一系列先进技术"中,包括太空与网络技术、导弹打击能力、人工智能与量子系统,要求及时地将新兴技术转化为军事能力;通过综合和整合各种力量来提升美国的军事安全能力;发挥美国盟伴体系的效用,将其盟伴的力量有效地与美国的军事安全能力整合;运用美国国内及国际上的各种机制限制对手的发展。

如此,抓紧时间以经济、科技、国家政治联盟等一系列甚至任何手段威慑与遏制中国的发展,确保本国优势,维持本国制定国际秩序的能力,尽可能不诱发武装冲突而又努力提升军队现代化水平并做好军事应对准备的态度已在美国最高战略层面上得到文件确认。

1.1.2 国防战略

《国防战略报告》由美国国防部发布,篇幅虽然不长,但内容涉及国防领域的方方面面,描绘了美国的国防蓝图。截至目前,美国共发布了4版《国防战略报告》,具体时间节点如下:

(1) 2005年3月,美国首次发布《国防战略报告》,正式提出了国防战略概念,将美国国家战略体系由二级调整为三级。该报告是对布什政府第一任期国防政策的总结和反思。该报告对美国面临的安全形势的评估比较客观,强调在盟伴合作支持下应对全球安全挑战,要在维持先发制人战略选择的同时开始重视预防性措施,提出反恐斗争的关键是摧毁恐怖主义意识形态上的支撑。

(2) 2008年7月,美国发布第2版《国防战略报告》,继续将恐怖主义威胁摆在重要高度,把对美国本土的防务界定为国防部的核心职责。报告强调,美国在对外进行反恐战争的同时,为了大幅提升自身的军事实力,不仅要增加国防预算,还要重视"软实力"的影响力,以及加大与盟友间的战略合作。另外,报告对国际战略新形势做了新的评估和界定,提出对"潜在对手"中国要持以更加谨慎和理性的态度。

(3) 10年(2018年)之后美国才发布第3版《国防战略报告》,其概要文件中指出,美国国防战略重心将进一步向大国长期战略竞争转移,中国和俄罗斯的重新崛起是美国繁荣和安全的"核心挑战",美国国家安全的首要关注点应当从恐怖主义变换到大国战略竞争,并呼吁国会加大国防建设投入。

（4）2022年成立的拜登政府在一定程度上延续了特朗普政府的态度。但2022年版的《国防战略报告》开始将中俄两国区别对待。报告称，俄罗斯是"迫切威胁"，但中国是"步步紧逼的挑战"，是"最重要的战略对手"。该报告字里行间充斥着冷战思维、单边主义和与华对抗色彩。

1.1.2.1　美国国防战略2018

2018年版美国《国防战略报告》的概要指出，全球安全环境日益复杂，国家间长期战略竞争再现，国际秩序趋于更加自由开放，美国必须全面评估安全威胁和战争规则的变化并制定应对之策。报告沿用了此前特朗普政府发布的《国家安全战略报告》中的相关措辞，称中国和俄罗斯为美国及其盟友主导的"国际秩序"的修正者和挑战者，还将中国定义为"战略竞争对手"，并认为俄罗斯正在寻求并控制邻国的经济、外交和安全，朝鲜仍未停止剥夺其国民权利，伊朗仍继续散播暴力，"伊斯兰国"对稳定的威胁仍然存在。

除国际秩序等政治因素变化外，报告还认为，导致美国战略环境变化的因素还包括：高新技术为竞争或敌对势力掌握，并催生出不同于正规战争的斗争形式。该报告认为，随着技术快速发展和战争规则改变，尤其是随着先进计算、大数据、人工智能、自动化、机器人、定向能、高超声速和生物等新技术加速发展，美国必须有所改变才能保持军事技术优势；同时还必须面临恐怖分子等非国家势力、本土安全袭击、大规模杀伤性武器（核、化学和生物）等挑战。为应对挑战和威胁，美国将坚持"以快制慢"，从技术来源、技术孵化、体制机制和系统设计等方面多管齐下，全面破除持续、快速、大量引入新技术的障碍，依托全美国乃至全球科技进步的力量，持续不断地引入新技术，滚动提升战斗力。

基于此种认识，该报告将应对来自中、俄的长期战略竞争列为美国国防部主要优先考虑的事项，并要求增加国防建设投入和促进国防部改革以维持美国在全球的绝对影响力，确保对美国有利的均势和国际秩序；指出美国要建设一支对敌人更加致命、更具抗毁性且革新更迅速的联合部队。

另外，该战略还提出了总体指导思路：一是战略可预见，行动难以捉摸。美国的实力及与盟友的联合行动将展示美国慑止入侵的决心，但在力量部署、军事态势和行动方面则必须让对方决策者难以捉摸。二是进行政府部门跨机构整合。全方位部署国家力量，协助各部门建立伙伴关系，以解决经济、技术与信息领域的弱点问题。三是联合盟友与伙伴对抗压制与颠覆，以保卫美国利益安全。四是形成竞争性思维方式，在思考、机动、结盟和创新等方面先发制人，以对抗"修正势力、流氓政权、恐怖分子等"。

对于此，具体应开展以下三方面工作：

一是在军事力量上建设更具杀伤力的部队，包括：①优化战备水平慑止冲突，在三个关键地区，即印太、欧洲和中东慑止"侵略"；抵制恐怖主义和大规模杀伤性武器的威胁；捍卫美国利益。②提升部队的现代化关键能力，包括使核力量、太空和网络空间成为作战疆域，改善指挥、控制、通信、计算、情报及监视与侦察（C4ISR），导弹防御，在竞争环境中的联合杀伤力，前沿部队机动和姿态抗毁性，先进的自主系统，灵活和敏捷的后勤系统等。③发展创新作战概念，要求预见新技术对作战的影响，严格界定未来冲突中预期的军事问题，形成试验和预估风险的文化。④形成敏捷、抗毁、富含杀伤力的兵力部署与作战模式。⑤加强人才管理。

二是在国际关系上加强联盟、吸引新伙伴，包括：①邀请盟伴共担安全投资份额。②扩大区域协商机制与合作计划，为伙伴提供一致信息，鼓励盟友承担义务，加强防务合作和军事投资。③加快盟伴军事力量现代化进程及与美军一体化能力，开展高端作战任务训练。特别是扩大印太地区的盟伴关系，强调将加快组建以美、日、澳、印为轴心的亚洲版"北约",加强跨大西洋北约联盟,在中东地区形成长久联盟,在西半球保持现有的优势,支持各种关系,以应对恐怖威胁。

三是改革国防部,提高效率和经济适用性,包括:①优先考虑交付速度、持续适应能力和模块升级;②组织结构创新,为简化流程和组织结构提供外部支持保障,以支持联合部队;③进行全面审计,改进财务流程、系统和工具,优化成本管理;④简化从开发到实战的快速交互方法;⑤为国防工业的关键技能、基础设施和研究开发提供长期投资,继续简化流程,为新进入者和小型供应商提供尖端技术,并充分利用国际伙伴的军事能力投资,以期发挥协作性、创新性,推动创新性、颠覆性技术的集成与应用。

1.1.2.2 美国国防战略 2022

时隔4年,美国于2022年10月27日发布第4版《国防战略报告》,并同时发布《导弹防御评估报告》和《核态势审议报告》。这是美军首次同步发布三大报告,其中描述了美军在未来几年的军事优先事项。

第4版《国防战略报告》既有对2018年版报告的延续,即坚持冷战对抗思维、谋求绝对军事优势和霸权的老套路,也有一些新特点,如第一次将中国作为未来头号的全球竞争强国,反而对俄罗斯的定位愈发低下;第一次提出反对任何一方单方面改变台海现状;第一次将印度列为可靠的主要国防伙伴;第一次将巴基斯坦引申为"最危险的国家"。在这些"第一次"中,美国延续特朗普时代思路,加剧渲染"大国战略竞争",明确提出中国是未来十年全球秩序的重要塑造者,并为此强调应对外广泛结盟,对内投资发展不对称技术。

在对中国的定位方面,该报告明确指出,中国是长期的、体系层面的挑战,而俄罗斯是直接的威胁。而与此相应,美国也更清晰地明确了针对中、俄两国行动规划的重要原则。在记者发布会上,美国军方则表示:"中国是目前存在的唯一既有重塑国际秩序意图,且越来越有实力这样做的竞争者。""与中国不同,俄罗斯无法系统性地长期挑战美国。但俄罗斯的侵略确实对我们的利益和价值观构成紧迫而严重的威胁。"报告明显以"中国为对手"为由牵引美军军力升级和扩张。

从时间上来说,与美国国家战略一致,国防战略也认为,是美国独霸全球还是中美竞争,在于到2035年前的关键十年。

从手段上来说,美国提出的一体化综合威慑(Integrated Deterrence)是这份报告的核心思想。美国认为,在中国意图有所发展的区域内,难以保持常规军力的有效威慑,而核武库也无法像过去威慑苏联一样为常规军力提供支撑,只有结合海陆空,特别是还包括天网等军事领域,以及经济技术信息等非军事领域,在国内整合资源、在国外拉拢盟友,打造平战结合、军民融合、核常配合、攻防一体的作战模式,将技术、作战概念和各种能力以恰当的方式组合交织,在任何时间、任何领域持续威慑对手,以期取得理想中的优势。其中,联合部队的实力和战斗信誉是"一体化威慑"的核心。

美国国防部提出了加强威胁的四个最高国防优先项:保卫家园;阻止针对美国、盟友和合作伙伴的战略攻击;遏制侵略,准备在必要的冲突中取得胜利;为确保未来的军事优势,要建立有韧性的联合军队和国防生态系统。为此,美国考虑无法单独应对这些复杂且相互关联的挑战,必须加强主要地区安全框架,要进行联合、协同作战和部队规划,加强情报和信息共享程度,还提出新的作战概念,并利用全球联合部队的能力。

在强调"一体化威慑"的同时,该报告也高度关注"反介入/拒止"威胁。该报告提出,其应对举措是发展"远程穿透性打击能力"。若将其与国防部提出的"联合全域指挥与控制"概念相结合,将有利于美军快速有效地降低该威胁。另外,该报告也不再提及"全球作战模式""动态力量应用"等术语,而将其统一归纳为"战役",

但同时强调"以信息技术优势"威慑那些企图不以武装冲突为手段获取利益的国家。与之同时发布的《核态势审议报告》则放弃了之前一直宣称的"核武器只能用于威慑和反击"政策，使用了"根本作用"这一提法，即只有出于保护自己或盟友重大利益的目的时，美国才会考虑使用核武器。这显然降低了核武器的使用门槛。而与2018版报告相似，该报告依然提及了改革国防部工作流程和国防生态系统，如研发、采购、出口控制、创新等，但并未详细阐述如何消除上述改革带来的障碍等。

可以预料，美国将在各领域不断发起以遏制中国为目的的冲突，而美军在国防军事领域将表现得更强硬，甚至将在核打击背景下突出大规模常规武装冲突，各机构、各军种将围绕该报告中原则性的指导方针进行各种政策细化安排。比如，在该报告未指明的武装部队规模结构发展动向，新型装备的采办与部署方式，联合作战概念在部队装备与部署中的落实等问题。

1.1.3 国家军事战略

《国家军事战略报告》一般在偶数年份制定或修改，日期上缓于《国防战略报告》。2018年12月，2018版《国家军事战略报告》经参联会主席签署后提交美国国会和国防部长之时，也宣称该文件将不再公开发布，至2019年5月才发布了极简的脱密公开版本。2022年版《国家军事战略报告》尚未可知。此外，美军也停止编撰《四年防务评审报告》，而是将原先的部分内容充实到《国家军事战略报告》之中。按照美国法律规定，《国家军事战略报告》应包括关于美国安全环境的评估；军事战略的具体目标、途径和手段；参联会主席进行风险评估和备选方案评估的统一框架；应对威胁和把握机遇的军事方案；对联合部队的能力、职能和资源的评估；参联会主席为联合部队发展确立的军事指导等六项内容。

一些特殊文献中显示，在斗争对象上，2018版《国家军事战略报告》与当年《国防战略》确定的战略框架严格"对表",均将有效应对"中国、俄罗斯、伊朗、朝鲜和暴力极端组织"五种威胁作为分析和规划未来军事问题的基本框架。

在战略规划上,美国参联会(参谋长联席会议)引入了一个全新的概念,即通过构建所谓"战略指导连续统一体",以三个在时间上相互重叠的阶段来统一审视和规划从当前到未来的军事问题。三个阶段具体为部队运用、部队发展与部队设计。

部队运用主要瞄准政府赋予美军的近期(0~3年)使命,主要是履行"慑止战略攻击;慑止常规攻击;确保盟国和伙伴国安全;展开低于武装冲突级别的竞争与应对现实威胁"等五大任务。重点突出要将"动态运用部队"作为管理和运用兵力的基本理念,具体含义包括将开发一种自上而下的迭代方法,力求跨越时间、跨越空间、跨越职能领域来同步各种行动和资源;要求各级作战指挥官和其他相关作战筹划人员应将传统片面的"战区和职能领域思维定式"转变为更具全球视野的思维方式,并从操作层面明确了全球战役计划相较于战区战役计划和职能领域战役计划的优势和主导地位;强调将作战计划从以往的被动反应模式调整为持续竞争的模式,打通从平时到战时的各个阶段,并且认为,每个阶段都是美军竞争的重点,尤其是日常军事行动对战略态势塑造效果更成为后续阶段能否持续保持优势的关键;要求美军在完成当前作战任务的同时,优先考虑提升部队应对大规模战争的战备水平,即所谓时刻要保持"拳击手的姿态";继续强调要充分发挥盟友的作用,并以互联互通为基础,重点提升美军与盟友和伙伴国军队的互操作性。

部队发展与部队设计是两个紧密衔接的阶段,主要瞄准中远期(2~15年)美军军事能力的发展规划问题。其中部队发展阶段的关键词是"适应与调整",重点是立足现有部队、解决部队的近期能力需求问题,建设项目通常将在2~7年完成,主要通过适应性调整当前部队的规划、决策和管理流程来促使美军发生改变;部队设计阶段的关键词是"创新与革命",重点是针对潜在竞争对手,瞄准美军在未来 5～15 年的远期能力需求,主要通过新型联合概念的反复实验和持续迭代开发来持续引领美军的整体变革,最终使美军能够以一种全新方式,并极具破坏力地进行作战,其中联合概念被参联会誉为通往未来军事能力的"桥"。

一般来说,参联会的职能长期更偏重于"用兵",在军队建设领域更多的是提出建议并负责对军队建设整体效果持续进行评估。另外,2018 版报告中包含了美军近期倡导的全域机动作战、建军与用军一体化和军事概念引领等基本理念,从而强化参联会这个在美军中唯一一个具备跨战区、跨职能领域来设计美军未来作战问题的职能机构,在美军建设宏观规划、统筹协调和战役筹划管理方面的职能。

与 2018 年版报告配套发布的还包括《作战概念》等系列文件。

1.2 军种发展

冷战后,由于苏联这个最大的"安全隐患"消失,再加上美军最近打的几场战争无疑以海、空军为主力,美国陆军则在近 20 年内深陷于伊拉克和阿富汗等治安战争的泥潭里,逐渐在没有大规模作战压力的"温室"里故步自封,但随着主要竞争对手对美军作战方式、能力和行动的深入研究和如机器人、人工智能等科技的发展,陆军先前的优势正在缩小甚至被对手反超。自 2018 年以来,美国国家战略和军事战略由"全球反恐"转向"大国竞争",主要假想敌由各类非常规对手变为以中、俄等大国为主的传统对手,强调大国对手正在所有领域与美国竞争、美国陆军振奋异常,认为自己将是保持威慑或击败潜在大国对手的核心力量,是击破"反介入/区域拒止"军事体系构建现实需求的中坚保障,并为制定军种战略、开发核心作战概念、进行现代化改造而努力。

此外,由于 2011 年发布的《预算控制法》限定了美国 10 年国防预算的上限，迫使美国陆军在人员、战备和设备现代化之间做出让步。面对失去的10年，美国陆军希望加快现代化建设步伐，恢复和巩固全球军事技术优势。美国陆军担心，一旦错过新一轮军事变革的高速列车，将由领跑者沦为跟跑者。

1.2.1 战略构想

美国陆军作为一个军种，其顶层战略规划是2018版《陆军战略》和2019年的更新版本《陆军现代化战略》。

1.2.1.1 《陆军战略》（2018）

2018年10月，美国陆军正式发布《陆军战略》。该战略明确指出，陆军的现代化建设属于保持威慑或击败潜在大国对手的广泛努力，以便应对未来与军事大国及其他对手的潜在战争；高新技术的快速发展形成了强大的驱动力。

2018版《陆军战略》提出了2028年美国陆军的愿景、战略环境和战略途径。美国陆军认为，作为联合部队的一部分，陆军使命是在全谱冲突中提供快速、持续的地面优势。陆军愿景核心内容为：2028年，美国陆军将依靠卓越的领导人和拥有极强杀伤力的士兵，运用现代化有人和无人驾驶地面车辆、飞机、武器和保障系统，基于现代战争理论的强大合成编队与战术，在联合、多域、高强度冲突中，针对任何对手，在任意时间和地点部署、作战与取胜；同时，还要慑止其他对手并维持非常规作战能力。

实现时间上，该战略分为近、中、远期三个发展阶段。近期（2018—2022年）目标是填补现役部队的关键能力缺陷，提高战备能力和士兵杀伤力，建成战备部队。中期（2022—2028年）目标是实现美国陆军现代化，以六大现代化优先项目群为核心，相继完成研发开始列装，使美国陆军开始具备适用于"多域作战"的下一代能力，实现对"均势对手"的绝对优势，建成现代化部队。这六大项目群包括远程精确火力、下一代战车、未来垂直起降飞行器、网络、防空反导和士兵杀伤力。远期（2028—2034年）目标是建立多域作战部队，使美国陆军全面具备适用于"多域作战"的下一代能力，强化对"均势对手"的绝对优势，从而使作战部队更具杀伤力、灵活性和网络弹性，通过"多域作战"来击败任何对手。

在实现途径上，分为战备、现代化作战、改革、加强联盟和伙伴关系等方面。

（1）战备方面。相关文件指出，陆军近期主要任务是建立战备和提高士兵杀伤力，包括持续性部队生成、任何时间和地点的兵力部署。

①对于部队战备，陆军试图拥有充足人员配备、作战训练、尖端可靠装备和卓越领导人。在人员配备上，截至2020年10月，陆军常备军兵员达到50万以上，还要相应扩大国民警卫队和陆军预备役；全面提高陆军作战人员配备，将作战人员配置率提高至105%，不可配置率降至5%以下，降低军事专业与等级的不匹配；将征兵人员、训练士官和教练员配置率提至100%，平台教官配备率提升至90%。在训练上，陆军将重点针对高强度冲突开展训练，突出密集城市地形、电子拒止环境和持续监视环境下的作战。训练应严格、逼真、迭代和以作战为核心，将制定新的体能训练方案，在2020年10月前实施新《陆军作战体能测试》。将步兵和装甲兵训练时长延至22周。2021年开始部署"合成训练环境"，集成模拟、构造仿真和军事游戏训练环境于统一平台，增加主战训练次数。在装备配备上，将资产重新分配给重点战备单位，保持90%的地面装备率和80%的航空装备率；将使士兵服装和装备现代化，并调整装备部署。

②对于兵力投送，陆军要求利用《国防战略报告》"动态兵力应用"概念，灵活提供全球兵力，发展致命、快速和弹性的兵力态势。在兵力动员和部署上，陆军将提高预备役动员能力，利用大规模兵力投送平台来投送兵力，将规划国家级动员、重组作战力量和扩大国防

工业基地，应对大规模突发事件。通过紧急部署准备演习提高陆军单位的远征意识。在战区设置方面，设置一个拥有重要补给、部队保护、工程、通信和基础设施的战区来满足美国陆军的国外兵力投送和军事力量支持；实现前方驻扎和轮换部队的平衡保持兵力灵活性；确保陆军各单位对其他部队的接收、集结、前运和整合（RSOI）行动，随时准备开放战区和提供增援，支持作战指挥官需求。

（2）现代化作战方面。现代化作战概念将贯穿陆军的理论、组织架构、训练、领导力和装备发展。2018—2022 年继续研发六个现代化优先项目群，2022 年进入中期阶段，主要方向转为获得技术成熟系统。2019 年夏季，陆军未来司令部将实现全面作战能力，统一指挥陆军现代化。在概念与理论方面，2019 年利用"多域作战"概念推动能力发展和部队设置，根据野战经验更新"多域作战"理论，2020 年前将"多域作战"纳入陆军各级领导、训练和教育中。在能力发展方面，2018—2022 年加速升级现有作战系统，降低风险。2018—2028 年进行下一代战车、空中平台和武器系统的创新、原型设计和部署，全面改革现有采办体制，加快创新，寻求与合作伙伴的新技术联合研发机会。

（3）改革方面。2018—2019 年，陆军将实施改革，为高优先事项腾出时间、财政和人力，提高效率，节省开支。在节省时间方面，简化、减少或取消耗时活动，取消或减少非必要的训练、报告、检查等非高强度作战准备，进行权力、责任和资源下放，使下属快速做出决策并付出行动。在财政方面，推行财政改革，改善业务流程、组织结构和人资管理；完善项目管理，为原型开发寻求实验演示的低成本商业方案，确保拨款用于战备和杀伤力建设。在人力资源方面，改革现有人事管理制度，使用新的人才管理系统；全面评估人才招募、留用和激励机制以及陆军结构，根据人才的知识、技能、行为和偏好与专业职位匹配。

（4）加强联盟和伙伴关系方面。陆军将利用军事战略接触行动，实现与盟伴的互操作性,通过安全合作和安全援助加强联盟和伙伴关系。在安全合作方面,陆军继续与盟伴进行联合演习和共同训练,通过双边、多边演习与交流,确定联合能力创新领域,提高陆军系统的有效性和兼容性。使用主要领导人会晤、对口访问、军事参谋会谈、人员交流、会议和研讨会等军事接触行动建立伙伴关系,实现互操作性,要发展其他安全合作活动。在安全援助方面,利用对外军售、对外军事资助、赠款、贷款等安全援助项目实现与盟友和合作伙伴的共同威胁防御;继续利用国际军事教育和训练活动为伙伴提供学习机会。

1.2.1.2 《陆军现代化战略》(2019)

继2018年向国会提交了《陆军战略》之后,美国陆军于2019年10月16日正式发布其更新版本的《陆军现代化战略》。该文件再次阐述了美国陆军所认为的战略环境:在当前信息时代的大国竞争环境下,美国必须优先考虑与中、俄的长期战略竞争。俄罗斯是美国近期最强大的对手,而中国通过部队现代化,将在中长期内超过俄罗斯,成为美国最强大的对手;而过去几十年,美国在反叛乱和反恐方面花费了太多精力,恰恰忽略了与大国竞争对手抗衡的陆战能力发展。基于该认识,文件制定与阐述了美国陆军2028年和2035年的目标和战略方针,提出了更为全面的现代化战略框架,强化多域作战概念;同时,要求保持其现代化优先项目,特别是六大现代化优先项目群的连续性,维系其在美国陆军现代化中的核心地位,最终在2035年建成多域作战部队,具备在多个战区执行多域作战的能力。美国陆军除了要在欧洲战场应对来自俄罗斯的威胁,还要在太平洋战区配合美国海、空军,对中国进行防御和打击。

如前文所示,该战略主要包括以下内容:美国陆军现代化战略框架;保持现代化优先事项的战略方针(包括作战概念、人员和装备技术的现代化,以及资金安排),到2035年前分阶段的实现目标;存在风险等。其中，现代化战略方针和 2035 年发展目标应是该战略的核心。

1. 现代化框架

在 2035 年前，美国陆军现代化框架是该战略的纲领，其中指出，美国陆军将通过调整现代化工作重点和资金分配、获取作战部队反馈等手段，推进作战方式/条令、作战装备和作战人员的现代化，实现美国陆军的目标，即在 2028 年前成为一支多域作战能力部队，作为一体化联合部队的一部分能在单一战区内进行多域作战；在 2035 年前成为一支多域作战战备部队，能在多个战区中进行多域作战。在多域作战中，美国陆军将支持联合部队快速、持续地整合陆、海、空、天和网络空间等所有作战域，在竞争中实现威慑和制胜，在武装冲突中战斗并获胜。

2. 现代化战略方针

1）作战方式

该战略指出，美国陆军将不断更新其条令、组织架构设计和训练，作为一支多域部队开展行动。美国陆军认为，为了应对大国竞争对手利用分层领域对峙在时间、地理和功能上分离美军及其盟国，美国陆军将作为联合部队的一部分，利用多域作战概念在不引发武装冲突的前提下进行竞争、渗透和利用机会突破敌方对峙能力，然后以有利条件重返竞争。多域作战部队把拥有网络化有人和无人平台、火力、电子战、网络、情报、监视、侦察、工程、保障、通信保护能力的编队结合起来，为联合部队提供全方位作战服务。在此基础上，美国陆军将继续验证和完善多域作战概念，并尽快将其纳入条令。同时，各级部队可利用新的综合训练环境进行多域作战集体训练。

2）人才

该战略强调，美国陆军将培养适应多域作战复杂性的领导和人才。美国陆军认为，新兴技术、全球安全环境和多域作战概念的复杂性，使其更加依赖能力强且训练有素的士兵。为此，美国陆军将改进其领导者培养和教育流程，以鼓励批判性、创造性和系统思维发展；同时，还将使用人才管理原则推动美国陆军人事系统转型，以发挥美国陆军士兵和文职人员的潜能。此外，美国陆军将继续开发更灵活的人才管理方法，确保美国陆军能有未来作战所需的人才。而美国陆军设置新的班组能力模型将利用能力矩阵来评估现代化工作是如何提高单兵杀伤力的。

3）装备

美国陆军认为应该继续推动六大项目群，为多域作战部队提供装备基础。只有与现代化作战装备和能力相结合，美国陆军才能遂行多域作战。为了快速、及时地推进项目群进展，美国陆军还在2018年成立了未来司令部，其工作是在美国陆军部总部的指导下将现代化工作进行统一管理，成立了8个跨职能团队，将需求、采办、科学技术、试验和保障等主要利益相关方聚集在一起。通过未来司令部，美国陆军希望将与工业界、学术界和其他伙伴建立新的伙伴关系，降低官僚主义的影响，缩短美国陆军装备研发和采办周期。六大项目群将获得充足的研发资金。

4）技术

战略还认为，为推动关键技术研究，美国陆军将使其实验室研究工作与现代化方向一致，研究多域作战相关的新技术、新材料，开发更有效率、高效能和有弹性的系统，支持美国陆军从本土动员、保护、部署和维持远征部队。美国陆军仍将保持对基础应用研究的重点投资，针对需要解决的部队现代化问题开展基础科学技术研究。战略中提出的重点技术研究领域包括颠覆性能源、射频电子元器件、量子科学、高超声速飞行器技术、人工智能、自主技术、合成生物学、材料设计等。美国陆军还认为，信息成云是全部现代化工作的基础，因此计划开发云计算技术，改善数据访问和共享环境。

3. 资金

围绕装备技术，特别是六大现代化项目群、训练和设施改进等工作，美国陆军调整预算，将2020—2024财年六大项目群研发经费增加330亿美元，达到570亿美元。这330亿美元中，50亿美元留作灵活调配，用于2020—2024年间尚未分配给具体优先项目的项目，其余经费则分配到各项目群；这样，当新情况出现时，或者当某个项目的进展情况明显好于或者差于预期时，美国陆军可以及时对经费进行调整，从而更具灵活性。330亿美元中的220亿美元来自美国陆军其他项目的削减和终止，另有80亿美元来自成本缩减，共有186个项目受到影响。而2019年这六大项目群被进一步细化为31个项目，这些项目将是美国陆军实现多域作战概念的关键。美国陆军认为，随着六大项目群进入小批量试生产和采购阶段，在保持战备状态的情况下，未来的现代化成本会不断增加，为此，美国陆军将通过取消部分老旧装备升级和传统装备项目，为现代化工作预备更多资源和资金。也就是说，美国陆军现代化工作预算重心将逐渐从现有装备的生产和升级转向新装备和能力的研制和生产。

对于资金的使用，美国陆军希望其能够跟随科学技术向具体能力过渡以及交付能力的时间安排，以便重新分配。

4. 分阶段发展目标

该战略提出，到2035年前，美国陆军将分两个阶段实现多域作战部队建设目标。第一阶段（2020—2025年）是快速变革阶段，美国陆军将列装和测试第一批现代化方案。第二阶段（2026—2035年）是根本变革阶段，美国陆军将建成能够执行多域作战任务的战备部队。

1）快速变革阶段

该阶段的主要任务是测试、评估并完善多域作战概念，调整编队、组织架构设计和训练模式，其又分为两个阶段。

2020—2022财年为快速变革第一阶段。在此期间，美国陆军进行多域作战概念测试、实验、分析和评估，对此验证与完善，其结果将开始应用于优先项目研发成果。2022财年，美国陆军会基于条令、编制、训练、器材、领导与教育、人员及设施的分析开始调整全球部队部署，并着手解决到2035年建成多域作战部队所遇到的挑战。

2023—2025财年为快速变革第二阶段。在此期间，美国陆军将根据前一阶段的成果调整编队和组织架构设计，以备集成现代化装备。另外，美国陆军还将改变训练模式，融合复杂的实战、虚拟与虚实结合环境，在多域模拟环境中进行训练。除得到未来司令部的支持外，训练与条令司令部将持续把多域作战概念转变为条令。

2）根本变革阶段

该阶段的主要目的是验证多域作战部队能力，最终予以全面建设。该阶段也被分为两部分。

2026—2028财年为根本变革第一阶段。在此期间，美国陆军将验证第一支多域作战部队，并着手组建下一支多域作战部队。美国陆军将调整训练中心，以对从旅到集团军级别的部队进行多域作战训练。美国陆军将列装可选有人战车和未来攻击侦察机等现代化装备。2028年，美国陆军的目标是作为一体化联合部队的一部分能在单一战区内进行多域作战。

2029—2035财年为根本变革第二阶段。在此期间，美国陆军将完成第二支多域作战部队的验证；同时，还要继续在条令、编制、训练、器材、领导与教育、人员及设施范围内创新和调整，建成具备高敏捷性、高韧性的多域作战战备部队，以保持对所有对手的竞争优势。2035年，美国陆军的目标是：成为一支多域作战部队，能在多个战区进行多域作战。

5. 风险

美国陆军还对战略进行了风险分析，认为现代化工作的风险主要有：一是美国陆军资源优先投入现代化，将对短期内其他升级需求造成压力，引发战备风险；二是在相对较短的时间内以相对较大的规模引入新的武器装备，会对美国陆军的保障、训练造成压力，从而引发能力风险。如果美国陆军设施的更新不能与新武器装备和部队组织编成的现代化同步，基础设施的风险就会增加；三是如果投资决策推迟，将增加预算风险，可能需要更多额外资金。

总之，该现代化战略是美国国家战略在军种层面的深化和落实，是美国陆军高层战略思想的进一步延伸和拓展，是指导美国陆军在2035年前发展成为多域作战部队的纲领性文件。2019年版《陆军现代化战略》明确提出了美国陆军2028年和2035年的发展目标，特别是通过提出具体的现代化框架、大幅增加六大项目群的研发经费等方式来彰显出美国陆军现代化工作的核心仍然是概念层面上的多域作战和抓手上的六大项目群，在一头一尾之间进行组织编制调整和相关训练培养，增加人员储备，列装现代化武器装备，有计划、分步骤地建成多域作战部队，维持世界领先的陆战优势，为美国陆军在大国竞争中提供更多的能力和优势。应该注意的是，这六大项目群中远程精确火力、未来垂直起降飞行器、网络和防空反导等项目的主要针对对象是中国的远程火力打击和防空武器系统，旨在提高美国陆军应对反介入/区域拒止的能力。

1.2.2 多域作战概念

"多域作战"概念是当前美国陆军的核心作战概念，已被《陆军战略》吸纳。美国陆军以此为指导，提出应对中、俄两国等所谓"均势对手""反介入/区域拒止"威胁的作战思想和方案，以实现《国防战略报告》中列出的"在竞争和冲突中遏制和击败中俄"的战略目标。

1.2.2.1 多域作战概念的发展

首先出现的概念不是"多域作战"（Multi-Domain Operations，

MDO）而是"多域战斗"或"多域战"（Multi-Domain Battle，MDB）。该概念于2016年10月在美国陆军协会年会上被人首次提出，旨在扩展美国陆军在空中、海洋、太空和网络空间的作战能力及与其他军种的联合能力，以利于更好地应对"反介入/区域拒止"威胁。该概念要求作战领域向多维空间拓展、作战要素向高度融合转变、指挥体制向高效扁平延伸、军队编制向精简多能推进。2017年10月，美国陆军联合海军陆战队共同发布了《多域战：21世纪合成兵种演进（2025—2040年）》白皮书（又称为1.0版"多域战"概念），正式发布了"多域战"概念，强调集成多种作战域能力来实现更高水平的联合作战，指出其对手是拥有或正在研发航母、隐身战机、高超声速武器、无人机、电子战装备、先进防空系统的高端国家。2018年5月，美国陆军训练与条令司令部宣布将"多域战"转变为"多域作战"。2018年12月，该司令部在发布《陆军多域作战2028》（也称为1.5版"多域作战"概念）时，正式宣布了"多域作战"概念，对1.0版"多域战"概念进行了大量扩展，更明确点出这是专门针对中、俄两国开发的作战概念。

美国陆军给出更名的具体原因包括：一是使"多域战"成为真正的军种联合概念，美国空军重点关注"多域作战"和"多域指控"，陆军则更专注"多域战"，但都倾向于发展跨作战域、跨部门的高度整合的作战能力；二是军队可以赢得战斗和战役，但赢得战争则需要整个国家的努力，而"多域战"更局限于战斗和战役本身；三是"多域作战"更具有战略意义。随着作战环境变化，美国国防战略强调赢得冲突之前和之后的"竞争"也很重要，而多域战的局限性使其难以赋予更多的战略使命。总之，是作战思想从战术层面拓展到战略层面，"作战"比"战斗"含义更广，包括战前、战中、战后的所有相关行动，能更好地加强各军种、机构和国家间的合作。多域作战主要是一个战役级军事概念，覆盖了战场划分、阶段划分、力量组成、力量运用和制胜要点等战役筹划要素，是一个完整的战役设计。只要结合具体对手、具体环境和具体任务，就可以细化为战区战役方案，并牵引装备发展和战术设计。

从思想上看，多域作战强调打破传统军种作战域之间的界限，要求联合部队按照统一的作战目标，聚合各作战域和各级作战力量的能力，进行统筹优化，对敌实施跨域和多样化攻击，增加敌方防御难度，实现军种从"领域独占"向"跨域聚合"转变，而且在战略层面上考虑了敌人跨域攻击的可能性。在作战上重点考虑破击对手的反介入/区域拒止能力。

从文件上看，相比1.0版多域战概念，1.5版多域作战概念设定了十年的发展目标，按照战争阶段划分，初步提出了对抗中国和俄罗斯的分层对峙方案。从整体上看，1.5版多域作战概念提出的军事问题、作战需求、作战阶段划分更加明晰，围绕任务指挥和多域指控等提出的多域作战原则更加务实，提出的解决方案透露了遂行"多域作战"的更多细节，使"多域作战"概念的可操作性有所增强；提出了多域作战对陆军的关键能力需求，其中多项能力建设以陆军六大现代化优先项目群为支撑，建设重点更为突出。总体来说，1.5版多域作战概念提升了概念的可操作性。

2018年和2019年的两版陆军战略确定了"多域作战"作为陆军核心作战概念的地位，并提出了2035年建立多域作战部队的目标。结合《陆军多域作战2028》等文件，美国陆军已不断从战略规划、联合军演、作战条令等方面持续升级多域战概念，使其一方面更好地融入国家安全战略；另一方面更好地从作战理论转化到作战能力；并继续联合其他军种推进协同作战，力图使多域作战概念向军种联合概念发展。

例如，在正式发布"多域战"概念的2017年10月，美国陆军同时发布了纳入"多域战"概念的野战手册《FM3-0：作战》，并在"多域作战"概念发布后将其更新。针对网络信息通信和网络空间作战等重要领域，在现代化战略点出网络优先事项，更新网络电磁战略,提升联合作战部队互操作能力以及可靠、灵活和反应迅速的维护能力。例如,多域特遣部队参加太平洋之路轮训,与空军共同提出融合式作战框架,并与空军快速能力办公室合作开展"传感器到武器"作战评估,演示验证空中、地面和空间传感器如何提升陆军的远程精确火力,并以此作为多域作战的样例。

美军高层已接受"多域作战"这一源于陆军的概念,并大力支持,在此基础上提出了"全域作战指挥与控制"等概念。美军高层呼吁陆地、海洋、空中、太空和网络空间中所有军种在所有领域中策划"完美和谐的强烈暴力"。

1.2.2.2 陆军多域作战 2028

《陆军多域作战 2028》(TP 525-3-1)文件由美国陆军训练与条令司令部发布。该文件详细阐述了美国陆军面临的作战环境和对手,多域作战的中心思想、核心要素、阶段构成、面临的问题及其解决方案,以及对美国陆军能力的要求。

该文件指出,多域作战的中心思想是:美国陆军作为联合部队的一部分,通过实施多域作战在竞争中获胜。在必要时,美国陆军部队可以渗透和瓦解敌方反介入/区域拒止系统,并扩张由此产生的机动自由来达成战略目标,以有利条件迫使对方重返竞争。

1. 场景预设

该文件以俄罗斯为例,分析了俄美对抗的手段和方式,将其分为竞争、武装冲突、巩固战果三个层面。

竞争即对抗还没有升级到武装冲突之前的阶段。在这一阶段,俄罗斯会通过外交和经济行动、非常规和信息战争,以及常规部队的实际或威胁使用相结合的方式来制造对峙,通过分裂美国盟伴关系和决心,在避免与美国发生武装冲突的情况下实现其目标。同时,俄罗斯也会动用国家级情报、监视与侦察力量收集美国重要目标的信息,如军队机关、通信设施、力量投送设施等,监测和研判美国及其盟国的行动模式及立场变化。

一旦发生武装冲突，俄罗斯便会寻求采用多层反介入/区域拒止系统形成与美国的战略和战役对峙，这些系统能够将美国组织的联合部队在时间、空间和功能上进行分割，以美国无法有效应对的速度迅速对美国及其盟国部队造成不可接受的损失，快速实现作战目标。其对抗手段主要包括：利用远程火力打击美国的战略运输能力、预置装备和弹药库等，形成战略战役对峙；利用中程和近程系统对联合部队实施分割和摧毁；继续实施信息战；动用国家级和地区级力量为常规部队提供支持，包括核力量、信息战、网络攻击、巡航导弹、航天装备和特种作战部队等，从而对美国本土施加威胁。

俄罗斯在武装冲突尚未结束时就会开始巩固战果行动，以保留在冲突中获得的政治成果。俄罗斯巩固战果的主要方式是使用舆论战，即通过舆论战的宣传让战果合法化；同时，还要对军事力量进行调整。

2. 目标途径

由于多域作战针对的对手是中国和俄罗斯，美军认为，与其作战不太可能征服对手，尽量以对美国有利的形势迫使其重新回到竞争状态并维持竞争状态是更为现实的目标。因此，多域作战概念将"重返竞争"作为战争进程的最后阶段和最终目标。美军的获胜途径和应对大体皆围绕竞争—冲突—再竞争，及其拓展阶段划分展开，而对于以俄罗斯为例的假想攻击也是如此。

多域作战部队主要在三个逐次激化的层面来实现获胜的战略目标。

首选途径是有效竞争，即挫败对手破坏地区稳定和实现其战略目标的举动，遏制局势升级，成功赢得竞争。在这一过程中，美国陆军发挥着不可或缺的作用，包括主动在太空、网络空间、电磁频谱、信息空间实施跨域作战与威慑。

其次，如果威慑失败，可选途径是动用远征部队，配合前沿部署部队,发起对敌方的纵深攻击,将美国陆军远程火力与联合多域能力集成在一起,渗透和瓦解敌方反介入/区域拒止系统,使联合部队能够自由进行战略和战役机动,在数天内粉碎敌方目标,在数周内达成相对有利的战役态势,从而产生可接受的、持久性的政治结果。

最后,如果上述两种方法都不能在短时间冲突中达成目标,则只能在长期战争中击败对方。美国陆军在全域、电磁频谱和信息环境中保持行动能力,在冲突后巩固战略成果。在稳固战果时,美国陆军部队还需要协助盟国部队恢复秩序,以防止敌方利用干扰手段获取战略优势。

3. 核心原则与要素

为形成多域作战能力,联合部队应注重如下原则。

一是力量可调,这是部队潜在能力、战斗力、位置和跨战略距离机动能力的组合。实施多域作战必须实现对各种不同类型作战力量的动态组合,并根据战略环境的要求进行调整和变化。这些力量包括前沿部署部队(美国和盟国、常规和特种作战部队)、远征部队(美国陆军和联合部队)、国家级情报和网络空间力量、太空作战力量以及超出战区控制级别的打击力量。

二是多域编成,这是具备跨多域作战能力的联合部队,能够在战区的统一指挥下独立实施机动作战,即除具备先进的防空反导和远程地面火力打击能力外,还可以通过航空系统、先进防护系统、分层防空与侦察、电子战设备、复合制导弹药、网络空间、太空和信息相关能力提供跨域火力。同时,为了增强作战弹性,多域编成应拥有先进的防护系统、弱化的信号特征、可以有效抵抗敌方干扰的冗余通信信道、多重维持网络、强大的机动保障能力和承载力,以及分层防空、分层侦察和多域隐身能力。

三是能力聚合,这是联合部队通过任务指挥和统一要求下的主动行为,快速、持续地整合全域、电磁频谱和信息环境中的各种能力并优化效果,实施跨域协同并对敌方进行多样化攻击。能力聚合适合不同层级的部队，包括战区陆军、集团军、军、师、旅。多域战斗力的能力聚合使敌方难以隐蔽和保护其作战重心，为联合部队提供了在决定性空间攻击敌方弱点的多种选择。

多域编成与跨域协同使联合部队能够优化来自电磁频谱和信息环境等领域的能力，产生优于各部分总和的整体效果。而多样化打击则使美军及其友军指挥官避免出现依赖单一的侦察或攻击方法的现象。美国陆军认为，跨军种、跨部门和跨国部队之间的互操作性是多域作战的关键要素。多域指控是联合部队实现互操作性的重要保障。

4. 美军的应对

针对斗争场景与阶段，文件将多域作战过程细化为竞争、突破、瓦解、扩张、重返竞争五个阶段，针对每个阶段提出了多域作战面临的问题及其解决方案，包括集团军、军、师级战役战术单位的使命。在实际情况中，每一阶段的行动在时间和空间上都存在不同程度的重叠。

1）在竞争中拓展竞争空间

为支持联合部队在竞争中获胜，美国陆军将实施战术和战役情报侦察、欺骗、反侦察、信息战、非常规战争、威慑、支援和保护前沿部署部队等行动。成功实施竞争可以达成三个关键目标：一是以有利于美国的条件遏制冲突，二是反击对手扩大其竞争空间的努力，三是支撑向武装冲突的快速过渡。另外，积极参与竞争也能够使美国陆军对对手的部队和战斗力做出可靠评估，为后续的作战行动创造条件。

2）突破战略战役屏障

一旦战争升级到武装冲突，联合部队首先需要迅速遏制敌方远程系统，在全域、电磁频谱和信息环境中与敌方机动作战部队展开对抗，突破敌方战略和战役屏障，实施战略和战役机动。与此同时，前沿部署部队开始在敌远程和中程系统范围内作战，即从内部破坏敌方设置的障碍。

3）瓦解敌方反介入/区域拒止系统

在成功遏制敌方远程系统后，联合部队需要彻底挫败敌方远程系统,并着手遏制敌方中程系统,实施战役机动以封锁敌方机动部队并瓦解敌方中程系统。

4) 扩张机动自由,挫败敌方目标

成功瓦解敌方反介入/区域拒止系统后,联合部队需要快速扩张其机动自由,彻底挫败敌方中程系统,开始遏制敌方近程系统,并通过机动作战孤立和击败敌方地面部队。机动作战应集合跨全域、电磁频谱和信息环境的战斗力,如利用美国陆军航空兵、无人机、近程防空、电子战、定位导航授时对抗、网络空间手段、火力和机动作战部队等,遏制敌方近程系统;同时,利用有人与无人空中侦察系统、地面侦察装备和电子战力量发现目标,通过空中和地面机动来孤立敌军,通过跨域火力和独立机动作战,击败敌方的地面部队。

5) 重返竞争,巩固和扩大战果

该文件指出,与实力接近且拥有核能力的对手作战,征服对手不太可能,以某种形式使其重回竞争状态并保持现状更为现实。在这一阶段,美国陆军主要有三项任务:一是集团军保持对其作战地域内美国陆军常规战斗力量的全面指挥,确保地域和人口安全,长久维持战果;二是重建盟国和美国陆军的能力,美国陆军前沿部署部队制订防御计划,迅速恢复弹药储备,为长期威慑创造条件;三是针对新的安全环境,适应性调整力量态势,保留快速反击和迅速恢复进攻作战的能力。

破击对手的反介入/区域拒止能力,在战争爆发初期,利用所有的力量和手段,遏制和挫败对手的一体化防空系统和远程火力打击系统,使各作战力量能够实施战略和战役机动,是多域作战实施的难点。

5. 城市作战挑战

在该文件中,美国陆军特别强调城市作战的重要性。美国陆军认为,未来冲突将发生在城市环境,尤其是超大城市中,密集的城区地形将延缓美军作战节奏,消耗大量补给、资源和部队,且只能将某些作战手段精准运用，竞争对手也将会利用这种环境，给美军带来严峻挑战。这种强调是之前"多域战"等概念文件中不曾提及的。而本文件提出在密集城市地形中进行多域作战，应该从思想上分析、了解城市地形的挑战；对具有特定战役或战略重要性的城市开展前期侦察和评估，为竞争和武装冲突做好准备；要利用密集城市地形提供预警和延缓敌军节奏的优势，在战略和战术城市地区组织训练；在密集城市地形作战中也应用多域作战的核心原则：力量可调、多域编成、能力聚合。

6. 能力要求

该文件指出，多域作战概念给美国陆军提出了挑战。美国陆军不仅必须拥有对多域作战进行指挥控制的技术、知识和理论工具，还必须通过严格的联合武装训练来实现多域作战与指控，从而实现美国陆军部队在所有域、电磁频谱和信息环境中基于目的的协同，以击败中、俄两国等竞争对手。为此，美国陆军需要从以下方面加强多域作战能力建设。

一是调整美国陆军军力部署，建立通常为武装冲突或高层级部队保留的必要授权和许可；二是推动六大项目群向联合部队指挥官提供能够汇集能力、在竞争激烈的环境中作战、攻击中俄两国特定弱点的多域编成和系统的过程；三是提高各级部队在密集城市地形中进行多域作战的能力；四是建立精确后勤，提供可靠、灵活和反应迅速的保障力量；五是使各级指挥官和参谋人员具备在所有域、电磁频谱和信息环境中指挥战斗且能在多域和组织间迅速转换的能力，增强美国陆军在太空、网络空间和电磁频谱中的作战能力，为地、空、海作战创造优势窗口；六是加强伙伴和盟国关系，增强联合行动能力，通过联合演习、训练和其他交流活动来履行美国对合作伙伴的安全承诺。

1.2.3 未来司令部相关作战概念

美国陆军未来司令部负责推进陆军未来的现代化建设，履行整合未来的作战环境、威胁和技术，开发和简化采购流程，设计未来部队编制和保障未来部队需求等使命任务。未来司令部对多域作战提出了相对系统性的概念，现摘录如下。

1.2.3.1 指控概念

《未来司令部指挥与控制概念·2028：追求制决策权》发布于2021年7月14日。其核心理念是利用知己、知彼和知作战环境上更清晰准确的感知能力，未来陆军指挥官通过开发和运用灵活的全域能力指挥与控制系统来创造多域机会窗口，使陆军部队能够在整个作战行动中持续确定节奏和行动条件，建立整体的制决策权。

该文件分析了未来美国陆军面临的作战环境，与其他相关文件类似，其中强调大国竞争条件，和在复杂、高度活跃的多个领域展开争夺的情况，突出城市化进展和通信能力降低带来的挑战敌方杀伤力与射程增强的威胁。

该文件认为，指控概念要面对的核心军事问题是：基于未来作战环境，陆军指挥官作为进行联合行动的联合部队的一分子，如何比对手更好、更快地做出和分发决策，从而创造多域机会窗口，使陆军部队能够在整个作战中确立节奏和作战条件，建立整体的制决策权。

针对这些军事问题，文件给出了解决方案，它的组成部分包括：

（1）人员：有能力的领导人，在模糊不清和快节奏、数据驱动的作战行动中茁壮成长；由联合行动伙伴组成全球联网、可互操作、灵活的全域行动团队。

（2）通信网络：通过一个统一、受保护的弹性通信网络来打造一支具有多域作战能力的部队；通用、标准化、可共享、安全的数据；可调整的战斗空间可视化能力。

（3）流程：全域作战流程；支持联合和全政府方法；运用普遍的知识管理，以生成共识，加速决策，创造认知上的压倒优势；通过响应式空域管理，促进跨域机动和全域火力。

（4）指挥所星座：一个可快速部署，战术上可移动、可调整、可拓展，受保护的和可生存的指挥节点构成的星座。

该文件认为，决策优势是指控概念的核心，这依赖于削弱敌方的指控系统，和开发、运用一套灵活的全域能力指控系统，还要保护其不受对手影响。为此，应培养有主动性的领导人，进行任务式指挥和多域作战概念指导下的人才管理。而信息战是在竞争、危机响应和武装冲突中获胜的必要条件，决策需要在人员、流程、通信网络和指挥所星座内建立信任，实现和联合行动各组成部分间的互操作。同时，也应该拥有配套的训练环境和基础设施。

1.2.3.2 火力概念

《未来司令部火力概念·2028》发布于2021年9月15日，是训练与条令司令部发布的2017版《美国陆军火力职能概念2020—2040》（525-3-4）的延续与更新。

该文件针对火力相关情况细化了作战环境描述，指出俄罗斯和中国的导弹能力在规模、射程和杀伤力方面都优于美国陆军，而这种能力又在一体化防空系统保护下形成了远程综合效果，可以从防区外对美军和盟伴实施大规模火力突击。同时，中、俄两国也可以使用网络、信息战，和与远程打击系统集成的天基情报侦察监视能力同美国展开竞争。面对这些反介入/区域拒止能力，美军（包括陆军、空军、海军和海军陆战队）在战役和战略火力区域介入方面都不具备优势。

针对恶劣的作战环境，该文件认为，火力作战职能面临的核心军事问题是：陆军火力如何确保联合部队能够在冲突门槛下进行竞争，以及如何在有必要的冲突期间在整个战场纵深使用和会聚多域效果，从而瞄准和对抗反介入/区域拒止能力、击败威胁、在多域作战中实现联合机动,并以有利的方式恢复竞争。火力作战职能是在所有领域创造和会聚效果以应对威胁,从而在军事行动范围内采取行动的相关任务和系统。

对于与火力相关军事问题的解决方案如下。

(1) 梯队能力:提出陆军各梯队的火力结构和能力;要求形成纵深、分层防御;提高射程、杀伤力、机动性和生存能力;能够汇聚火力。

(2) 增强传感器到武器系统的联系:要求能够连接任意传感器,选择最佳武器系统;进行联合、政府间、机构间和多国网络的集成;建设冗余和有保障的通信;开展人工智能支持的目标选定、空域和信息管理。

(3) 多域目标选定:做好开战竞争中的全域目标开发工作;完成好改进后的预期准备和动态目标执行;实现致命和非致命火力的汇聚。

(4) 利用联合、政府间、机构间和多国能力:能够访问联合、政府间、机构间和多国传感器与武器系统;形成共同的理解;实现系统和网络的互操作与无缝集成。

火力概念的核心思想是:在多域作战的整个战场框架的纵深内,陆军火力可以在竞争中威慑并在武装冲突中塑造,以突破和瓦解反介入/区域拒止能力、保护关键资产和击败威胁的能力,确保联合部队实现机动。

该文件同时还指出了战区陆军、集团军、师、旅的不同关键火力行动。

1.2.3.3 情报概念

《未来司令部情报概念·2028》发布于2020年9月18日,是一份陆军情报工作实现现代化的计划,用于支持发生在2028—2040年的多域作战。

该文件认为，情报、侦察、监视的作战环境是全域的，面临与均势对手在跨越了所有领域、电磁频谱和信息环境的空间和模糊了和平与战争界限的战场中竞争的局面，而情报监视侦察职能发挥作用的时间则是整个竞争过程。

但面临这种作战环境，当前的陆军情报部队缺乏建制和全球响应能力，无法穿透对手的防御，也无法看清和了解多域战场的深度和广度，更不能从中了解2035年战场上均势对手的威胁、意图、战略、能力和战术。

为此，陆军情报部门应该通过建制情报搜集系统，访问联合、国家和合作伙伴的系统以及数据管理和分析过程等的综合使用，在整个持续竞争过程中实现陆军监视的转型，从而能够对抗均势对手，以期到2035年能够及时支持机动指挥官的态势理解。

其具体解决方案包括：

（1）情报搜集方面：在所有领域和纵深探测或搜集高级和复杂的特征信息；在反介入/拒止环境渗透、搜集和生存；加强地面、空中和太空领域的有/无人协作能力；形成多军种多品类传感器的自动融合；传感器信息可向数据系统和火力控制系统及时勾连；整合信号情报、电子战和网络。

（2）数据方面：确保各梯队部队和战区司令部的数据访问能力；消化和处理来自国防部、情报部门、商业、开源和公共可用信息的数据；形成国防部、情报部门、盟伴共享的通用国防部/情报部门标准；达到在所有环境中从竞争到冲突的无缝衔接；使用云技术赋能多级数据访问，对数据进行深度管理。

（3）情报分析方面：在通用作战环境内整合分析人员的职能；使用人工智能、机器学习等高级计算处理方法来实现离散特征的自动融合；形成自动化战场情报准备和情报搜集管理程序；通过分析式工作流程支持动态建模和预测；能够迅速生成基于用户的工具和应用程序；达到全球交换到达、处理、开发和传输效果。

（4）人才方面：加强人才管理、培训和教育，以及与盟伴的沟通，培养适应性强、敏捷而富有创新意识的领导者、士兵和陆军文职人员。

该文件强调，达成理想监视能力和效果的关键在于具有远征能力的能在断开、间歇、受限等环境中有充分进入能力的弹性网络和通用数据结构，以及网络相关部门、产业的充分赋能。

1.2.4　陆军网络与电子战作战概念（2025—2040）

美国陆军在多域作战构想中高度强调网络与电磁空间对抗能力，认为在地面战场实施网络行动是其核心竞争力之一。网络空间作战的跨域性为指挥官提供了更多选择，尤其是战术层面的综合，使指挥官能更好地利用各种作战力量，获得跨域综合火力。在现代化战略概要提到的网络优先事项中，美国陆军必须发展可靠、灵活有弹性的指挥、控制和通信网络，确保在任何作战环境中实现无缝连接，更有效地与联合部队互联互通，保障部队分布式完成任务。美国陆军认为，网络作战的攻防能力与关键通信能力相结合，将成功地在时间和空间内聚集足够的作战能力来成功击败敌人。网络能力是多域作战的关键推动力。

2018年1月，美国陆军训练与条令司令部发布《陆军网络空间与电子战行动概念（2025—2040）》（TP 525-8-6），围绕未来作战环境，阐明了美国陆军应如何融合网络战与电子战，以及美国陆军应如何将网络战、电子战和电磁频谱行动全面整合，充分纳入多域作战。美国陆军紧接着向政府和参议院武装部队委员会提交了《战术网络现代化战略》报告，提出要在提高可靠性以使网络经得起更多威胁的考验的同时，还要提高网络的机动性，并简化作业流程。另外，美国陆军还将进一步引入商用系统发展网络战能力。

《陆军网络空间与电子战行动概念》为发展美国陆军未来的网络和电子战能力奠定了基础，提出了美国陆军在网络、电子战和频谱管理方面未来的能力需求、发展愿景、训练方式和战术应用。

1. 相关背景

2013 年，联合出版物 JP3－12《网络作战》为网络作战建立了统一的分类和术语。2013 年 12 月，美国陆军批准美国陆军网络作战能力评估，支持包括条令、组织、训练、装备、领导、教育、人事、设施和政策（DOTMLPF－P）在内的众多能力开发工作。2014 年，美国陆军正式成立了美国陆军网络研究所和美国陆军网络卓越中心。2015 年，美国陆军开设了"领导人网络作战"课程，并将其纳入中级教育、基地训练和网络试点活动中。2017 年，美国陆军颁布了野战手册 FM3－12《网络和电子战作战》，确定了指挥官和参谋人员的角色和责任，推动了美国陆军条令的修改进度，将网络和电子战的作战原则和作战要素纳入其中。

2. 主要内容

《陆军网络与电子战作战概念》阐述了美国陆军未来所处的作战环境，面临的主要威胁、挑战和发展重点。该文件并未提出确定性的解决方案来指导网络和电磁频谱行动，但描述了美国陆军如何为指挥官和参谋提供基本实现增强美国陆军部队综合性网络作战能力的方向。

1）作战环境

该文件指出，未来的作战环境将更具不可预知性、复杂性和潜在危险性。网络的物理结构容易受到一系列破坏性武器的攻击，包括高功率电磁脉冲弹和激光武器等。国家和非国家行为体将投资发展网络防御和攻击手段。这些手段可以抵消美国陆军的战斗和技术优势。"流氓"国家还将使用各种简易武器和技术，如 GPS 干扰器和射频武器。美国在未来面临的威胁主要表现为国家政体、恐怖分子、有组织犯罪集团、黑客、情报机构、间谍、钓鱼软件、垃圾邮件、间谍软件和恶意软件等。这些威胁（通过网络和电磁频谱）可以使用机器人、无人平台（空中和地面）和大规模杀伤性武器等先进技术。美国陆军将合并网络和电子战能力，以便能够在不同的地点作战。虽然这些威胁不太复杂，解决它们的成本也很低，但会对美国造成破坏。

2）网络威胁

未来，美国陆军的智能信息系统和传感器数量将激增，这些系统被攻击的可能性不断升高。网络攻击的隐蔽性和不完善的法律体系，使反制措施变得复杂。网络攻击可以与军事行动相互联合或独立开展，这甚至可以抵消美国的军事优势（如远程监视和精确打击）。随着科学技术成果军用化速度的不断提升，其他国家将模仿美军的能力来对抗美国，从而降低了美军在通信、远程精确打击和监视方面的优势。在许多情况下，美国陆军将面临来自多个领域的网络攻击。商业移动通信设备的普及使舆论成为有效的力量倍增器，催化抗议和暴力。网络还为招募、宣传、训练、指挥和控制提供了有效和廉价的手段。

在战场上使用的自主系统越来越多，对网络安全性提出了挑战。自主技术的发展预示着未来会使用先进算法和人工智能在战场上独立做出决策。但这种决策算法可能被劫持，人工智能系统可能被破坏，从而对美国陆军的整个体系构成威胁。

3）频谱挑战

电磁频谱既是未来作战的核心，也是主要攻击对象之一。随着频谱感知技术的不断提高，频谱环境将面临更大的挑战。由于商业用户、敌对国家、盟军和美军争夺可用带宽，电磁频谱变得越来越拥挤，且美国陆军也不能无限制地访问网络和频谱。物理特征、技术、管理政策和带宽需求都会导致频谱拥塞，同时降低军事可用性。目前，美国陆军的作战基于网络和频谱优势，然而很多国家已经具备挑战这一优势的能力。在频谱领域，技术创新通常由民用带动，但这些技术能够直接威胁军用系统，缩小其他国家与美军实力之间的差距。此外，美国在许多系统中使用联邦通信委员会标准和基于互联网协议的通信技术,而这种标准化属性使其系统极易受到攻击。

先进材料提高了电磁频谱作战的速度和容量,可以在同一频段实现低功耗、近实时传输和干扰。软件定义算法、宽带跳频和认知无线电已经超过了目前使用的模拟、分配和管理电磁频谱活动。专用集成电路、可编程逻辑器件、数字射频存储器和共享孔径电子攻击,增加了电磁频谱攻击手段。更低的功率需求、更小的尺寸、更轻的重量、更高的灵敏度、更宽的带宽和传输频率范围,超越了指挥官的作战能力。这些技术进步扩展了电磁频谱的使用范围,却导致商业用户、国家、联合部队、盟国以及美国陆军电磁频谱拥塞,可用带宽饱和,限制了电磁频谱的灵活性。

4)解决方案

网络和电子战行动为地面作战部队提供战术层面的跨域作战能力,以部署最佳的有人—无人合成部队进行乘车和下车作战。网络和电子战行动支持多功能作战部队进行分布式作战的同时,也增强了在时间和空间内聚集足够作战力量的能力。军队有能力在整个频谱范围内探测到敌军的存在,从而利用多个领域的临时窗口优势进攻。

网络和电子战行动在本质上是联合的。美国陆军利用网络和电子战能力,在跨越空间、电磁频谱、信息环境和作战的认知维度方面整合作战力量,最终实现在物理和认知上战胜敌人。在整个作战过程中,参谋人员要规划和协调网络电磁行动,快速部署网络作战部队。在各级作战梯队中,完全集成的网络和电子战能力可支撑整个作战体系,包括半自主作战编队;同时,也能为战术部队提供远程支持。合理协同网络和电磁频谱传感器、电子战攻击或干扰和自动电磁频谱管理能力,可以使战术部队能够攻击或干扰敌军的系统;同时,可以使盟军系统的弱点最小化。另外,分配至各军种中的"网络任务部队"通过在指挥所或前线基地实现网络频谱环境"拒绝效应",可以增强友军指挥官的作战能力。

5）发展重点

有效实施网络和电磁行动需要在信息、计算机科学等相关方面有非常具体的专业知识，并将这些专业知识应用到军事战术、战役和战略中。

科学、技术和工程塑造了网络的运作环境，推动了网络的发展。私营企业的研究和发展则是网络变革的催化剂。若想在网络中获得优势，需要通过未来的自动化网络实现，而这些网络依赖于与商业技术环境相同的科学知识。美国陆军要利用商业创新；同时，还要进行关键科技投资，并以此来全面发展自身的网络能力。

自动化能力将为指挥官提供更好的态势感知。这些自动化能力可以立即处理大量的数据。下一代分析和决策支持系统，在最小操作交互作用下，使美国陆军能够在击败网络攻击的同时，建立、运作和保卫自己的网络。指挥官使用完全自动化的网络作战对抗系统来维护战场上的行动自由，从而识别出那些破坏或摧毁战场系统的网络事件。

降低系统网络弱点需要开发更多的敏捷和冗余系统，采用被动传感器，增加定位、导航和授时技术，包括加强对电磁频谱攻击的鲁棒性，并建立一个单一故障点的替代方案等。许多网络和电磁频谱系统的尺寸、重量和功耗使它们更适合通过遥控、机器人和自主系统来部署。美国陆军部署先进天线技术和动态频谱访问能力，以提高可用电磁频谱的利用率。

由于利用现有建模和仿真工具提高训练效率的训练模式被技术推动，减少了"烟囱"现象的出现。将模拟训练和实地演习相结合，创造实时、虚拟和交互式训练场景，可以促进战术前沿作战能力。另外，军队在驻地训练时可以得到来自现有网络能力的支持，这些支持提供了合适的训练环境，可以发展和提高团队与个人的作战能力。

2 军种建设

2.1 条令

2.1.1 陆军《作战》条令

2022年10月10日,美国陆军发布新版野战手册《作战》条令,其中充分汲取纳卡冲突等世界各地重大军事行动最新经验教训,成为美国陆军"多域作战"概念正式进入条令的里程碑。

1. 发布动因

1)战略环境变化

美国陆军认为,当前全球作战环境面临的风险和挑战是前所未有的。秉持美国国家安全战略、国防战略等,美国陆军确立重要假想敌:大国中的俄罗斯是"紧急威胁";中国为"步步紧逼的挑战",经济规模逐渐增加,加紧建设世界一流军队,对台海局势的影响力逐步加剧;地区国家朝鲜、伊朗和恐怖主义则仍是持久威胁;其余自然灾害也是艰巨的挑战。各种因素综合交织,促使美国陆军认为需要完善作战概念来应对威胁挑战。

2）转型发展所需

美国陆军认为每隔四十年都需要实施重大转型，特别是随着战略重点由反恐向大国竞争和潜在的大规模战斗转进，着力打造"2030年新型美国陆军"，亟须将新型作战概念固化为条令，推动美国陆军整体重塑，实现以人员、装备、现代化为重点的全面转型；美国陆军要瞄准未来作战，通过加快行动速度、克服战场距离限制，以及融合尖端技术，不断强化决策主导优势，组成制胜对手的强大力量。

3）经验融合固化

美国陆军认为，在实践检验中不断总结战争经验教训，并再次运用于实践可反复迭代更新。从过往的军事行动中总结的经验教训是需要优化新型作战概念，适应未来战争形态特点。

2. 修订内容

1）多域作战概念成为核心

"多域作战"正式成为美国陆军《作战》条令的核心概念，并贯穿始终。美国陆军认为，多域作战是指"为实现联合部队指挥官意图，由合成兵种运用联合美国陆军层面的各种能力，创造和利用相对优势，进而达成目标、击败敌人并巩固战果"。其中的要点主要包括：作战环境涵盖陆、海、空、太空、网络空间五个作战空间域和物理、信息、人三个维度；战略背景涉及竞争、危机、武装冲突三种谱态；行动范围贯穿战略、战役、战术三个层级；能力支撑侧重跨国、多军种、美国陆军自身三大层面；兵力运用在合成兵种这一战术末端。美军最终要依托任务时的指挥和部队的主动性，将所有域的战斗要素快速、持久地聚合为一体，实现以跨域协同和多种形式进攻的方式来战胜对手的目标。

2）聚焦中、俄两大对手

海湾战争以来，美国陆军虽多次更新作战条令，但没有直接论及对手的作战理论。在2022版作战条令中，美国陆军重回冷战时期的编修模式，重点瞄准印太地区，针对中、俄两大"均势对手"的对抗方式、装备运用、均势能力，总结出中、俄两军进攻的五个特点，着眼面临的"反介入/区域拒止"体系，区分可能遭受的多领域、全方位"混合威胁"，分别划定六条不同影响范围的区域威胁带。美国陆军认为中国的"反介入/区域拒止"体系范围可分别到达关岛和美国本土及东部区域；俄罗斯的"反介入/区域拒止"体系范围则可分别到达欧洲和美国本土及其以西区域。

3）全谱生效

美国陆军着眼在联合部队中充分发挥效能，重点区分同对手对抗的三类谱态中筹划设计作战。一是竞争。美国陆军重在"塑势"，主要任务是设置战区、向盟友和合作伙伴提供援助、强化联合和多国层面的互操作性、保护前沿一线部队、大规模战斗转换准备、特定战区战前训练，以及指挥官的实践培养。二是危机。美国陆军重在"慑控"，主要任务是实施作战力量投送，进行动员、部署、防护、接收、集结、前进、整合，强化部队初始阶段的运用与保障，适情实施重新部署。三是武装冲突。美国陆军重在"对抗"，主要任务是以中、俄为首要作战对手，针对二者可能采取的各种威胁区分不同层级和不同类型，划分不同阶段，实施多域信息、火力同时联动，在攻防作战中占据不对等优势并赢得战争的胜利。

4）原则与部署

美国陆军根据多域作战对标的战争形态、参与主体、重要环节，对需要遵循的要义进行相应优化调整。一是战争原则，针对多域作战涉及的不同背景，将其遵循的战争原则调整至"十二条"，即目标、进攻、集中、节约兵力、机动、统一指挥、安全、出其不意、简洁、克制、坚毅、合法。二是指挥与支援关系。在上一版条令提出的联合和美国陆军层面指挥与支援关系的基础上，增加了多国部队和北约组织指挥关系。其中，多国部队指挥关系包括一体化指挥、东道国指挥、平行指挥，以及东道国指挥与平行指挥相结合。而北约组织指挥关系则包括全面指挥、作战指挥、作战控制、战术指挥和战术控制相结合。三是强化对抗部署。其主要针对力量投送部署面临的近均势对手威胁,提出需要重点关注的三个环节,即美本土驻地至装载港、装载港至卸载港,以及战区内接收、集结、前进、整合等各点位的转换,并将本土作为特定作战区域纳入重要防御范畴。

5) 具象相关内容

美国陆军注重从理论指导至实践运用等多个层面,条令对"多域作战"新型概念的基本遵循进行了具体阐释。主要包括:一是大规模地面作战指导原则。即灵活、融合、持久和纵深,强调行动速度快于对手、整合不同领域和层级作战能力,以及在更大作战地域、更长时间战线中具备持久与聚优的行动能力。二是作战实施细则。强调了解敌情、我情和作战环境;重视在物理、信息和人三个方面的维度,创造并利用优势,为决策主导创造条件;动态优化调整主要作战行动,注重增强部队作战效能。三是作战运用样式。主要包括确定敌方要害关节,对其实施摧毁、干扰、瓦解孤立、风险评估,特别强调多域纵深作战。四是作战地域划分,重点从时间、空间、目标出发,以从战略层面划分战略支援区域、联合安全区域、拓展纵深区域、制定作战区域为基础,在战术层面构设纵深、近距、后方区域,明确应采取的主要行动、支援行动、预备行动。

6) 新增海上环境影响

《作战》条令将海上环境作为影响美国陆军作战行动的重要因素纳入考虑范畴。美国陆军将近海区域划分为陆上和海上两大部分,并区分出全包围和半包围海域、单个岛屿、群岛、开放海域和陆缘海五种类型;同时,给出了海上作战环境的明确物理特征。美国陆军明确海上环境的主要影响因素主要包括海岸地形、土质构成、可通行水域、海上特定基础设施、天然障碍物、敌方在海上的特定行动方式,以及前沿一线部队对抗敌方弹道导弹、飞机、海上火力、网络攻击的方式等。另外,美国陆军还构设了海上环境作战区域,主要包括责任区域内指定联合作战区域、相应的联合安全区域、陆上和海上部队作战区域。美国陆军聚焦海上作战关键环节，健全指挥控制、防御与控制要点要域、抗击敌军"反介入/区域拒止"体系、提供大规模战斗支援。这种海上环境下作战内容的增添，带有明显的应对中国军方作战场景的指向意味。

2.1.2　陆军《城市作战》条令

2022 年 7 月 21 日，美国陆军发布了由美国陆军合成兵种中心倡导、筹备的新版《城市作战》条令，其适用于美国陆军和海军陆战队。

1. 发布动因

大城市不会是陆战力量唯一的可能作战地域，但它一定是最具挑战性的作战环境。2014 年，据联合国统计，全球共有 28 个特大城市，覆盖总人口约为 4.53 亿。联合国经济和社会事务部发布的《世界城市化展望》（WUP）中预测，到 2030 年，世界人口的 60% 将会定居在城市。不仅如此，到时的 34 个特大城市中，有 67% 位于亚洲和非洲。

人口的快速增长和城市的不断扩张，以及配套基础设施及其变体与人的结合，使治安环境愈发复杂，有些原本就比较脆弱的地区变得更不稳定，更容易遭受暴力袭击。即便在相对稳定的情况下，大城市及都市圈也能给违法乱纪者们提供成熟的作业环境，也容易促使民众在完备的社交网络上站队。而在进攻大城市时，其极易遭到破坏的物理上的多层复杂结构、各类管线和电磁与网络环境，容易造成事故的工业材料，以及民众心理和民事管理层面的一系列问题都将涌现，而且可能出现由于稳定结构坍塌而迅速形成新的稳定等复杂局面，但这种局面不一定是有利于进攻方的。在进攻之前，"哪些是城市的关键要点，它们之间的联络方式如何，信息是如何传递的，城市的日常运转流程,以及敌方防御方案的总体情况等"都难以判定。而"分布稠密的城市基础设施使美军很难全面使用远程传感器和弹药,而且,在任何时候都要避免出现城市平民的附带损伤。大城市作战非常依赖现代技术和连续不断的情报、侦察与监视"。平民、敌军、友军十分靠近,影响到部分或完全控制城市所需的兵力、时间和资源。人造地形和基础设施的面积和结构也给作战分析与后勤保障带来困难,例如城市峡谷效应带来的弹药轨迹偏离与飞行器行动风险等。

美国陆军认为,复杂人造物理地形,大规模稠密人口,配套基础设施,是城市环境的主要特征。城市环境的独特之处在于这三个三位一体的特征密集,而正是由于这种密集,城市作战复杂性的关键才凸显出来。

2. 修订内容

1) 领域范围、区域类型和作战对象

《城市作战》条令将战场由陆、海、空三个空间域拓展至陆、海、空、太空、网络电磁、信息环境。同时,还将战场区域拓展为涵盖"郊区城镇"至"大城市"在内的"十二型"。另外,其中新增了关于沿海城市的内容,将靠近海岸的主要城市和邻近重要河流、大面积水域的内陆城市纳入其中。引入"混合威胁"和"近均势威胁"的表述,将正规部队、非正规部队,以及恐怖组织等均纳入城市作战的威胁范畴,并将能够与美军抗衡的力量视为"近均势威胁"。

2) 贯通战略、战役、战术三个层次

《城市作战》明确提出美国陆军战略层面的塑造态势、预防危机、占据优势、巩固成果的相应行为:均势接触与安全合作、危机相应行动、有限应急行动、大规模战斗行动。区分战略、战役、战术不同层级,提出城市作战应达成的最终状态、目标、效果,以及预期任务。提出战术层面实施城市作战的六个步骤:确定作战目标,靠近城市并巩固后方,割裂与围困目标区,机动接敌或攻击占领"立足之地",摧毁敌方并控制目标,以及将城市管理权转交民事组织。

3）优化机动情报火力保障防护职能

《城市作战》在指挥控制职能中删除"政治与媒体冲击""灵活思维"等内容表述，新增对于"人员、流程、网络与指挥所"的表述。在合成兵种任务编组中新增"装甲兵、步兵、航空兵、海岸突击力量"等内容。在情报职能中，将"生物情报"调整为"生物与身份情报"，新增"警务情报"相关内容。在火力职能中，新增"整合美国陆军、多国与联合火力""防空反导"和"信息作战"等内容。在保障职能中，新增"城市大规模战斗行动保障需求"，以及"城市作战保障需遵循的原则"等内容。在防护职能中，明确城市作战中生存防护、医疗防护、爆炸装置处置、防空反导等十六项主要防护任务，以及面临的三种不同等级（一般、重要、重大）的威胁。

4）增加"大规模"表述

《城市作战》引入"大规模战斗行为"和"大规模地面战斗行动"两种表述。一方面，增加"大规模战斗行动"的新章节，认为主要影响因素在于兵力规模、人口密度、不同类型城市邻近程度等；指出任务主要包括综合侦察、安全预警、兵力投送、越线换防、机动与反机动等。另一方面，将"大规模地面战斗行动"与"大规模战斗行动"区分开来，指出后者旨在实现战役和战略目标，强调联合属性；而前者则侧重战术层面，强调的是兵种协同。

5）细化城市作战特点

城市作战的特点围绕城市作战三大类型：进攻、防御、稳定，进行详细分析。

城市进攻行动的内容主要包括：进攻行动特点，为出其不意、集中、大胆、有序等；进攻行动分类，大体分为决定类、塑造类、支援维持类等；进攻机动样式，包括包围、迂回、渗透、突破、正面突击、侧翼攻击等；进攻类型，包括机动接敌、攻击、扩大战果、追击；实施要则，依序为理解态势、战场塑造、交战、巩固、转换等。

城市防御行动的内容主要包括：防御行动特点，为预有准备、注重警戒、扰乱敌方、方便集中、利用纵深等；防御性战场的组织，主要通过塑造行动、支援维持行动和基于两者支持的决定性行动完成，这与进攻行动的分类类似；防御行动样式，包括线性障碍物防御、环形防御和反斜面防御；防御类型，包括地域防御、机动防御、退却行动；此外，还包括与之匹配的实施要则。

城市稳定行动的内容主要包括：基本任务，为总体谋划、确保民事安全、支持民事控制、恢复与提供基本服务、支持治理、提供人道主义援助、开展安全合作、处置核生化放射事故等；稳定行动也包括决定类、塑造类和支援维持类，同时要求拥有可以组合的稳定机制，如强迫、控制、影响与支持；稳定行动需要考虑军政目标、安保措施、保护平民和基础设施以及资源安全等方面的约束。

6）构建实例化场景

《城市作战》构设城市实例化场景并提出相应训练与联合构想，新增五个附录，针对主要章节构设与城市作战相关的不同场景。立足不同城市行动，以某一地区近均势对手为作战对象，着眼大规模战斗，区分军、师、旅等不同层级单位，提出可能的行动场景。立足提升训练效能，重点围绕密集城市地形特点，探讨如何运用实况、虚拟和构造方式将本土与战斗中心训练融为一体。立足强化联合，以密集城市地形为主要作战地域，提出与其他国家或地区联合行动的筹划、整合、实施和训练等构想。

总之，美国陆军认为，在城市作战环境下，作战需要做到精确打击、重点目标夺控，尽可能在不削弱城市整体功能的前提下，实现对敌方目标节点和部位的信息攻击；并且争取占领其软目标，在后续作战中使敌方无法接触其保障资源，阻止敌方武力之间的行动自由，阻断其联系渠道。

为了保障城市作战的顺利进行，需要在网络空间、情报、侦察与监视平台、后勤保障、导航定位等方面下功夫，这就要求美国陆军部队既要能够对城市内的虚拟和物理设施进行精确定位,又不会对所有物理设施进行精确定位,也不会使所有民众的生活和当地的全盘商业活动瘫痪。这就需要信息共享速度更快,需要各种平台具备快速机动能力,能够提供近似实时的情报信息。后勤保障能力也需要创新,"部队能够在相应条件下,向大范围地区和难以抵达的军事任务点位输送食物、疫苗、胰岛素、血液和血浆制品,尤其是在遇到地震或海啸等突发灾害之后"。此外,任务式指挥还需要能够保持对空间信息的获取能力和技术,特别是"大城市环境中用来放大通信、导航以及授时信号的高空技术"。从能力角度上说,就是需要高度微粒化的情报搜集能力、知识管理能力、快速组网能力、协作关系构建和创新能力,以及火力打击与机动能力和民众管理能力。

2.2 编制体制

2.2.1 未来司令部

一直以来,美国陆军没有专门负责现代化发展方向和改革等事务的组织,此类事务的管理分布在各大司令部,一直存在机构分散、体系臃肿、研发周期长、浪费资源多等问题,无法保证机构间的有效协调和资源的合理利用。美国陆军高层认为:"这对一支处于转型十字路口的陆军来说非常危险。"为将所有现代化努力集中在一个权力机构下,美国陆军部长于 2018 年 6 月 4 日发布命令,成立未来司令部,以推进陆军未来的现代化建设。该司令部负责整合未来的作战环境、威胁和技术,开发和简化采购流程,促进军事技术创新发展,设计未来部队编制和满足未来部队需求能力。美国陆军高层认为新司令部的设立有助于执行长期的战略判断,针对未来数年和数十年的斗争场景,进一步厘清关系,可以在全陆军范围内协调现代化项目的攻关,调集并合理分配资源,避免像之前那样陷入作战和技术上的"失去的十年"和出现耗费巨大但无疾而终的如"未来战斗系统"一般的资源浪费，最终达到增强未来战斗力的目的。2018年7月1日，未来司令部开始正式运行。

该司令部是通过确立现代化建设目标，以跨职能团队为试点成立的。跨职能团队即是负责分工推进六大项目群的部门。这些跨职能团队的目标是：运用行业和学术界的专业知识；确定使用实验、原型和演示的方法；识别提高需求开发效率和方针、部队结构、训练和领导人培养，还将决定陆军现代化的重点。跨职能团队以"士兵为中心"的项目开发需求为基本准绳，在行动中坚持"集中规划和分散执行"的理念，以领导参与、理论指标、测试反馈和精简采购流程为标准，以期获得"对士兵的最佳投资回报"。为了实现这种"垂直整合"，每个跨职能团队由一名将军或一名高级文职官员领导，其相关成员包括从事采购、需求、科学和技术、测试和评估、资源分配、合同、成本分析、维护和军事行动领域的主题专家。跨职能团队汇集了各个领域的专家以促进有效协作，这是与传统的需求开发过程最大的区别。同时，陆军高级领导层选择的跨职能团队的工作地点与相关陆军研发组织或工业中心的地点一致，这不仅能为原型设计和试验提供信息，也有助于项目技术专家与跨职能团队进行即时的交流。例如，未来垂直升降飞行器的跨功能团队驻扎在红石兵工厂，这是美国陆军航空研究、开发和工程中心所在。跨职能团队负责继续推进陆军现代化的六个优先项目。

陆军未来司令部选择高新技术城市得克萨斯州的奥斯汀作为其总部所在地，办公地点在得克萨斯大学内，其首任司令为约翰·默里上将。2019年7月，未来司令部全面投入运作。未来司令部由约500人组成，每年运行预算约为8 000万至1亿美元。该司令部的工作主要由四个机构来完成：司令部总部、未来与概念中心、作战能力发展指挥部、跨职能团队。

司令部总部内设六个部门：陆军应用实验室、第75创新指挥部、测试与评估指挥部、人工智能工作组、战斗系统指挥部、医疗研发指挥部，以及一些必要的行政办公室。

未来与概念中心的使命是识别和确定能力发展需求和机会的优先级，面向未来作战环境设计新型作战概念。该中心下设的分中心数目最多，涵盖陆军现代化和未来战争的多个领域，包括联合现代化指挥部、航空分部、研究分析中心、网络分部、情报分部、火力分部、机动分部、支援分部、任务式指挥分部、后勤保障分部、军队牧师分部等。未来概念中心认为应该从条令、组织、训练、装备、领导力、人员和设施七个方面创造新的作战和建设概念并进行相关评估与实验。自成立以来，该司令部连续发布未来条令，正在建立以威胁为驱动、以数据为支撑，基于概念、关注重点的未来多域作战理论体系。

作战能力发展指挥部的责任在于确定需求和机会使之概念化并开发解决方案，进行各类武器的研发与测试。该部门下设武器中心、陆军研究实验室、航空与导弹中心、C5ISR（指挥、控制、通信、计算机、网络、情报、监视、侦察）中心、化学与生物中心、数据分析中心、地面车辆系统中心和士兵中心。陆军作战能力发展指挥部的前身是陆军装备指挥部下属的研发与工程司令部，是美国陆军最主要的研发管理机构。作战能力发展指挥部的重点在于进行基础科学研究和技术研发，全力支持陆军六大项目群工作。其中，C5ISR 是在当前的 C4ISR 基础上增加网络后形成的，展现了美国陆军重视网络现代化，特别是在恶劣环境下保持网络通信能力的迫切需求，但该提法尚未成为被人们广泛接受的术语。

跨职能团队依然按照优先项目群划设小组，各团队机构之间独立性较强，没有统一隶属关系，可直接向未来司令部总部负责。

其他部门如陆军应用实验室，其职责为收集军方和民间的创新想法和技术方案，为总部协调包括小企业在内的业务拓展，结合陆军现实和发展计划对创新进行测试评估；技术方案一旦获证可行，便可由应用实验室继续开发制造，从而最大限度地发挥国家创新潜力，缩短技术转换周期。此外，陆军研究实验室负责对作战装备进行实验与测试，战斗系统指挥部负责精炼、设计和生产新能力，医疗研发指挥部则为军队寻找和开发新的医疗技术等。

未来司令部与陆军部队司令部、训练和条令司令部、装备司令部地位对等。未来司令部的成立是美国陆军自1973年设立部队司令部与训练和条令司令部以来最大的一次机构调整，其地位和重要性可见一斑。成立陆军未来司令部并将其作为陆军现代化建设工作的中心的目的是在未来的冲突中，以必要的速度和规模提供统一的指挥、责任和现代化。实践上，在前沿作战装备研发、未来作战概念创新和新兴技术发展评估测试等方面持续发力，并加强和深化与小企业的研发合作、重视发展人工智能技术、推动装备智能化发展与部署等。实现现代化需要美国陆军全员协作，而美国陆军未来司令部为美国陆军的现代化途径带来了统一的努力方向，未来司令部将与陆军现代化利益相关者密切合作，汇总各种解决方案并应用到作战部队中。

2.2.2 "瞄准点"兵力结构倡议

进入21世纪以来，美国陆军兵力结构从"以师为中心"转变为"以旅为中心"，基本作战单位由师转变为旅。这虽然在一定程度上满足了当时反恐任务的需求，但降低了师级以上部队的战役和战术作用。随着中、俄等大国竞争对手的日益强大，美国陆军认为，当前已不能确保在大国竞争对手面前的主导地位，丧失了几十年来拥有的优势。随着相关战略中对"大国竞争"说法的提倡，美国陆军开始了新的尝试。

2020年4月，美国陆军参谋长批准"瞄准点"兵力结构倡议，并将该倡议作为美国陆军未来兵力结构设计的顶层规划，试图以此来推动建设具备多域作战能力的部队，保持美国陆军竞争优势。5月8日，美国国会研究服务处发布《陆军"瞄准点"兵力结构倡议》报告，介绍了美国陆军"瞄准点"兵力结构倡议的提出背景，阐述了多域作战概念的推动作用,明确了建设"瞄准点"兵力结构的主要举措。

美国陆军未来司令部负责实施"瞄准点"兵力结构倡议,着力于打造应对大国竞争的战役力量以及遂行多域作战的任务部队;同时,采取灵活的兵力结构,针对印太和欧洲战区的地理特点,差异化构建不同地域部队。"瞄准点"兵力结构倡议主要包括三方面的核心举措,具体如下。

1. 加强师、军和战区司令部

该报告认为,在"大国竞争"的战略背景下,旅级部队已不能满足未来大规模战争的要求,必须由更高层级的机构执行作战任务。为此,美国陆军改变过去把部分战役级作战力量分配到旅级部队的做法,加强师、军、战区美国陆军等高层级司令部建设,通过增加参谋力量、专家队伍、基础设施和职能机构等方式来重建美国陆军战役力量,以及提升与大国竞争对手在信息、网络和太空展开竞争和作战的能力。

美国陆军于2020年2月宣布重新组建第5师,其总部位于肯塔基州诺克斯堡,主要任务是统筹协调欧洲前线诸兵种合成师级部队的作战指挥。同时,美国陆军还计划组建一定数量的新型战区火力司令部,以协调正在组建的美国陆军远程火力作战部队。

2. 组建试验性多域特遣部队

该报告指出,美国陆军于2022年前组建三支试验性多域特遣部队。现实中,第一支试验性多域特遣部队在2017年以第17野战炮兵旅为基础试点组建,为其配备了"海玛斯"227毫米高机动多管火箭炮,混编情报、信息作战、网络、电子战和太空力量,其中包括来自其他军种的人员。该部队已在日本和澳大利亚开展了一系列演习试验。第二支试验性多域特遣部队在2018年以第41野战炮兵旅为基础试点组建,配备M270A1式227毫米多管火箭炮,已在欧洲展开多次试验评估，正式组建后将会部署在欧洲，以应对俄罗斯的大规模地面作战。2022年9月，第三支试验性多域特遣部队启动仪式在夏威夷举行。该部队为营级部队，成员从整个陆军队伍中挑选，拥有各种技能，包括远程目标探测、网络攻击、电子干扰和太空作战能力，下设情报连、信息战连、网络与电子战连、太空与通信连等，可视为陆军旅级多域特遣部队的核心。该多域特遣部队总部设在夏威夷的沙关特堡。第一支试验性多域特遣部队总部设在华盛顿州刘易斯-麦科德联合基地，第二支试验性多域特遣部队总部则设在德国。此外，美国陆军还将建立两支这样的部队，一支设在北极；另一支则用于"对接全球需要"。

3. 加强远程精确火力打击力量

该报告指出，美国陆军正在大力发展远程精确火力武器系统，配套建设相关任务部队。在美国陆军远程精确火力项目群中，"增程火炮"在M109A7"帕拉丁"自行榴弹炮的基础上改进而来，未来将为旅战斗队和师级部队提供间接火力支援，可以重新确立美国陆军在战术层面的火力打击优势；"精确打击导弹"可由现役火箭炮发射，用于替代"美国陆军战术导弹系统"，将在未来大幅提升美国陆军中远程火力打击能力；"战略远程火炮"目前尚处于概念研究阶段，未来将作为美国陆军远程火力打击体系的重要组成部分，用来打击位于1 600千米以外的目标。

4. 国会重点关注的问题

该报告称，在"瞄准点"兵力结构建设方面，美国国会应当重点关注以下五方面的潜在问题。

（1）司令部及部队新建需求。在司令部类型和数量方面，如何满足未来美国陆军新的需求；在作战部队方面，除了重建第5师和组建3支多域特遣部队外，未来还需发展何种部队。

（2）海外兵力前沿部署。为塑造在印太和欧洲的前沿力量态势，在部队单位的类型和数量方面将实施何种计划;轮换部署和驻地部署方面将采取何种形式。

(3) 经费预算投入。为确保"瞄准点"兵力结构倡议的实施，2035年前美国陆军在兵力调整、技术开发、作战与维护、军事设施建设等方面将需要投入巨额经费。

(4) C4ISR 资源承载。目前，全球 C4ISR 网络难以满足美国陆军未来多域作战部队的需求，为确保未来部队情报监视侦察、太空、网络、信息系统的互联互通，需要提高信息资源的承载能力。

(5) 其他国家威胁。目前，美国现有国家安全架构可能会受到质疑，在美国国家安全态势可能发生改变的情况下，"瞄准点"兵力结构该如何应对其他国家的安全挑战是当前迫切需要考虑的问题。

2021年年末，美国陆军提出"路径点"部队转型;2022年年初，美国陆军又发布了新版《目标点兵力结构倡议：美国陆军2030》，该倡议宣布了编制调整计划，重新组建新型作战师，向推进未来美国陆军大规模作战能力建设的道路逐步迈进。

2.2.3 "路径点"部队转型

2021年12月4日，美国陆军训练与条令司令部合成兵种中心发布"面向2028年的'路径点'部队"宣传片，强调美国陆军正以中、俄为大国竞争对手，以"多域作战"概念为理论牵引，以打造新型"路径点"部队为抓手，开始美国陆军的新一轮重大转型。

1. 转型目标

美国陆军将以"多域作战"概念作为此次转型的理论引领，基于全球战场框架设定，调整兵力结构，创新作战样式，加快技术运用和赋能，促进多域作战梯队能力会聚。形成"竞争-危机-冲突（突破-瓦解-扩张）-重返竞争"的完整过程。重点突出"突破"能力建设，谋求从竞争或危机阶段快速过渡到武装冲突阶段的能力。

2. 主要构成

美国陆军认为，大规模作战行动的复杂性要求从战区到旅级的各个梯队在作战能力上保持同步，部队结构设计应当有利于大国对抗环境下快速过渡到武装冲突阶段，促进美国陆军在联合部队中发挥自身职能；同时，还要在多个战区实施多域作战。

1）战区陆军

战区陆军负责为战区作战指挥官提供多域能力和地面力量支援。战区陆军可以运用多种多域能力，如多域特遣部队、战区火力部队、战区信息优势分队和战区打击效果大队，在整个竞争和武装冲突期间，向其他军种提供支援，支持大规模作战行动。

多域特遣部队，能够跨多个作战域投射美国陆军与联合部队的火力，突破和瓦解地方"反介入/区域拒止"体系，为机动部队创建临时优势窗口。

战区火力部队，能够汇聚各种打击火力，为美国陆军军级部队与联合部队提供支援。

战区信息优势分队，能够提供各种非致命能力，遂行信息战，保护己方信息，开展各种宣传造势活动。

战区打击效果大队，能够为美国陆军提供全方位的太空和高空能力，包括规划太空行动、实施太空控制行动、操纵各种多用途高空平台及卫星。

2）军级部队

在战术和战役层面，美国陆军军级部队都是作战能力最全面的梯队。在战术上，军级部队可调特遣师和其他部队纵深投送作战力量，会聚多域手段以对抗大国威胁。军级部队将新设战役火力司令部，用于会聚美国陆军部队、联合部队、多国部队火力，将各种致命和非致命手段同步，支援所属师级部队。

3）师级部队

旅级部队仍将保留，但未来美国陆军将不再以模块化旅为中心，而是以师为中心规划和实施大规模作战行动。师级司令部的一个主要变化是新设一个增强型的信息作战参谋部门，重在会聚网络空间域和太空域两个新兴作战域手段，以抢夺信息优势。师级部队主要包括5种类型：①空降型联合突击师，可在全球范围内进行战略部署，支持联合作战；②空中突击师，可在复杂地形条件下控制战局，实施战役、战略机动部署；③重型标准师，主要由装甲力量组成的多域特遣作战编队；④轻型标准师，主要由步兵组成的多域特遣作战编队，支持全球作战；⑤装甲突防师，可在竞争环境中运用火力、机动和冲击效应，遂行高强度联合作战行动，突破敌方精心构设的防御阵地。

3. 作战样式

"路径点"以武装渡河行动为例，展示部队遂行新型作战样式。

1）火力准备和侦察准备

美国陆军军级部队通过战役火力司令部调动美国陆军部队、联合部队和多国部队火力，打击对手特定军事目标；通过信息作战参谋部门协调军级和更高层级的网络空间和太空资源；同步运用各种致命和非致命手段。装甲突防师新编配的情报和电子战营利用纵深感知能力，侦察对手在渡口附近的部署情况；师级部队协同联合部队航空兵部队，通过实施侦察以及周密目标选定行动，为纵深作战提供支援。重组后的师属美国陆军航空兵实施区域侦察，围绕渡河行动持续汇报重要情报，以满足师指挥官获取最优先情报的需求。

2）突击渡河行动

成功渡河的关键在于实施饱和式火力覆盖。装甲突防师重组后的工兵旅编配多个多用途舟桥连，在铺设渡桥的同时，还可遂行机动保障和反机动任务；渡桥铺设后，师属各装甲旅立即渡河，夺取对岸军事目标；突防师炮兵旅提供直接火力支援，军级部队提供加强火力，压制反击敌方火力，掩护渡河部队，持续实施纵深打击。

3）后方防护

在进攻行动中，新编配的师防护旅负责突防师后方区域防护，是防卫师配属资源的主要力量。当己方占领对岸各军事目标后，突防师装甲旅继续向其他主要目标实施机动，直至击败敌军。

2.2.4 多域特遣部队

美国陆军将多域特遣部队作为未来发展的重要新型作战力量。2022年3月3日，美国陆军协会发布了《2035年前多域特遣部队概览》，其中重点阐述了多域特遣部队的组织架构、核心使命、运用重点和影响因素等。

1. 组织架构

美国陆军多域特遣部队一般是战区陆军直接运用的旅级新型作战力量，旨在实现电磁战、太空、网络、信息等领域的远程精确聚能与远程精确火力打击等重点能力的一体协同。针对不同的任务区域、作战环境、作战对手，该型部队在组织架构上略有区别，总体上涵盖效能、火力、防护、保障四大要素，主要包括多域效能营、远程火力营、防空营、支援营。其中，多域效能营主要执行软杀伤和防御任务，下辖2个军事情报连（含1个太空军事情报连）、1个通信连、1个增程感知与效能连、1个信息防御连；远程火力营主要执行火力打击任务，下辖1个"海玛斯"炮兵连、1个中程炮兵连、1个远程高超声速武器连；防空营主要执行确保己方空域安全任务，下辖1个防空炮兵连，以及部分导弹防御力量；支援营主要执行物资补给、野战维修、医疗救护等任务。此外，多域特遣部队还可能涉及部分防卫力量，从而为地面部队在特定环境中行动提供安全防护。

2. 核心使命

美国陆军以"多域作战"概念为基本遵循，针对竞争、危机、冲突三个谱态的可能行动场景，对多域特遣部队的核心使命进行界定。

在竞争阶段，多域特遣部队主要是通过多域机动提前占据有利阵位，利用多种平台收集情报、强化态势感知，实施必要的网络和电磁威慑，为潜在危机冲突创造有利条件。

在危机阶段，多域特遣部队主要是通过监控和塑造信息环境，为联合部队甚至盟军指挥官提供精确态势图，在各领域感知对手行动，必要时实施烈度更高的网络战行动，通过强力威慑，达到降级危机的目的。

在冲突阶段，多域特遣部队主要是通过发挥自身规模小、多点分布、机动灵活的优势，依托山地、丛林、通道等各种地形优势，实施欺骗行动；利用电磁、网络对抗手段干扰对手指控、通信、网络节点、体系，使用精确火力摧毁对手的重点目标，突防对手"反介入/区域拒止"体系。

3. 运用重点

美国陆军多域特遣部队根据不同任务区域的地理环境、地区安全体系、对手能力，（特别是在印太和欧洲两大区域）明确各自的运用重点。

在印太地区，着重依赖远程高超声速武器，根据任务需要将其灵活部署至多个点位，对于中国陆上、海上目标实施火力打击，特别是在介入台海或钓鱼岛冲突中运用精确打击导弹和战略远程火炮，重点对中国海上目标实施火力打击。同时，也强调在后续面向印太地区组建的第二支多域特遣部队中增加太空和通信连、物资分发连等单位，以解决作战对手太空与网络能力发展快、自身分布式作战导致保障难度较大的挑战。

在欧洲区域，着重依赖精确打击导弹和战略远程火炮，利用美国在欧洲盟友体系较为健全、可用军事设施相对便利的优势，根据作战任务调整部署，对俄罗斯军事目标实施打击。同时，在多域特遣部队中增加信息防御连，以对抗俄罗斯利用低成本的网络与信息战散布虚假信息，从而在信息对抗中抢占先机。

4. 影响因素

美国陆军为了确保多域特遣部队最大限度地发挥效能，强调将联合全域指挥控制、内线部队行动实施、盟军间多域互操作三方面影响置于重要位置。

在联合全域指挥控制方面，主要依托一体化网络，实现不同军种间的数据整合，以数据为核心，最大限度为作战指挥官高效决策提供各种选项，运用人工智能，为联合特勤部队提高必要的数据分析速度并占据主动；利用网络弹性，为联合特遣部队在大跨度距离范围内实施分布式作战提供支撑。

在内线部队行动实施方面，主要是通过与美国盟友、伙伴国家进行高层级的军委接触，为必要时进入国外领土创造有利条件，使多域特遣部队能在对手"反介入/区域拒止"体系内实施行动，进而缩小与对手之间的差距。

在盟军间多域互操作方面，主要是通过"会聚工程"等多边联合演习实验，积极推动美国陆军与更多盟友、伙伴国家广泛参与，深化对多域作战概念的共同理解，加大互联互通装备体系方面的投资，以利于未来与美国陆军多域特遣部队共同实施军事行动。

在"多域作战"概念升级完善的进程中，美国陆军先后于2017年和2021年组建了两支多域特遣部队，并将这两支多域特遣部队作为重要实体对作战概念进行演习试验。按计划，美国陆军还将组建三支多域特遣部队，分别作为印太战区、北极地区和全球响应的作战力量。第三支多域特遣队目前为营级编制，正在组建训练中。以平战一体为特色的特遣部队将对中国台海局势产生重要影响。其连续组建计划，也已被计划与2028年路径点部队转型一起作为基本依据，对现有作战师旅进行重大调整。届时，是将当前装甲旅战斗队、"斯特赖克"旅战斗队和步兵旅战斗队转变为单一的多域作战部队，还是三种旅战斗队与多域作战部队并存，还尚不可知。

多域特遣部队具有联合属性，是美国联合全域指挥控制和多域作战理念的落地，也是美国陆军融入联合作战体系的具体举措，其在战略上的指导自不待言。实践上，美国陆军自2020年开始实施"会聚工程"系列演习实验,以六大优先项目群为重点,对大量技术和装备进行了一系列测试,加快推进火力打击、防空反导等新型装备的编配运用,为多域特遣部队具备预定作战能力提供重要物质载体。

多域特遣部队作为美国陆军的战略力量,不仅包含常规防空和支援力量,还将情报、信息、网络、电磁、太空等力量整合成多域效能营,在太空、认知等新型作战领域,和软杀伤、硬防御能力方面拥有显著优势。多域特遣部队火力打击分队能够在不同射程范围内对目标实施精确毁伤,既可以提前在美盟进行预置部署也可以在战时机动部署,为采取小规模、多节点、不规则、分布式行动创造有利条件,有助于提升一体化攻防作战能力。因此,多域特遣部队若能按预期具备完全作战能力,必将推动未来作战样式的变革。

2.2.5 旅的建设和师的回归

2.2.5.1 旅队常见编制与装备

受战争需求的牵引和信息技术的推动,历经海湾战争、伊拉克战争和阿富汗战争的锤炼,经过数字化部队计划、未来战斗系统计划、模块化改组等一系列的调整优化,到 2012 年,美国陆军终于完成了基本作战单位从师到旅,即旅战斗队的模块化编制改建。2012 年以后,为应对国防预算削减的巨大压力,适应国防战略的调整,实现部队结构、战备和装备现代化的平衡,美国陆军开始缩减部队规模,精简部队机构。在减少旅战斗队总体数量的同时,美国陆军也对步兵旅战斗队、装甲旅战斗队和"斯特赖克"旅战斗队进行了新一轮的重组和结构优化。

当前,美国陆军在军事斗争准备上,正在从反恐防暴、实施长期大规模稳定军事行动向国家间大规模军事冲突和遂行全谱军事行动上转变;在作战能力建设上,在削减部队规模的基础上,不断优化部队结构,并积极探索新的运用方式,保持战备能力和作战优势,以及不断加强网络作战、特种作战和无人作战等新型作战力量的建设；在武器装备建设上，在对现有装备进行选择性的持续升级改进的基础上，持续研发六大项目群牵引的新型武器装备，以期在远期取得非对称的绝对技术优势。

1. 调整旅队数量

2012 年，美国陆军完成了所有旅战斗队的模块化编制改建，共编有 45 个现役旅战斗队，包括装甲旅战斗队 19 个、步兵旅战斗队 15 个、"斯特赖克"旅战斗队 5 个、空降步兵旅战斗队 6 个。2013 年，美国陆军现役旅战斗队数量被削减至 37 个，包括装甲旅战斗队 13 个、"斯特赖克"旅战斗队 8 个、步兵旅战斗队 11 个、空降步兵旅战斗队 5 个。截至 2014 年年底，随着第 4 机步师的第 1 旅战斗队从装甲旅战斗队转变为"斯特赖克"旅战斗队，美国陆军现役部队仅剩下了 11 个装甲旅战斗队、9 个步兵旅战斗队、8 个"斯特赖克"旅战斗队、5 个空降步兵旅战斗队，共计 33 个旅战斗队。截至 2015 年年底，美国又裁撤了一个装甲旅战斗队。美国陆军现役部队共编有 32 个旅战斗队，其中有 10 个装甲旅战斗队、9 个步兵旅战斗队、8 个"斯特赖克"旅战斗队和 5 个空降旅战斗队。截至 2017 年，美国陆军现役旅战斗队的数量缩减至 30 个。

2. 优化旅队结构设计

在裁减部队规模的同时，美国陆军还对旅战斗队进行了重组和结构优化，为每个旅增加了 1 个机动营（从 2 个增加到 3 个），进一步充实了机动作战力量，人员数量也增加了 700 人，并增加了建制内的工程和火力打击能力。美国陆军还把旅保障营转制为工程兵营，增加了渡河架桥能力和道路清理能力。装甲旅战斗队的火力营从 2 个连（8 门自行火炮）变为 3 个连（6 门自行火炮）。步兵旅战斗队的火力营被重组为混合炮兵营，在原有的 2 个 105 毫米 M119 式榴弹炮连的基础上，又增加了 1 个 155 毫米 M777A2 轻型牵引式榴弹炮。经过重组后,装甲旅战斗队的人员总数达到 4 700 人。同时,美国陆军还将压缩战斗航空旅的数量,截至 2019 年,现役战斗航空旅数量从 13 个减为 10 个,但美国陆军国民警卫队和后备队仍将保留 12 个航空旅。

3. 加强特种部队建设

在对现编制进行调整重组并优化部队结构的同时,美国陆军还加强了网络部队、特种作战部队、无人部队等新型作战力量的建设。

在网络部队建设方面,美国陆军建设出一支专门的网络作战部队。2014 年,美军提出要建成 133 支网络任务部队,其中美国陆军要成立 41 支网络任务部队。在计划成立的 41 支网络任务部队中,在 2016 年就有 25 支部队具备了初始作战能力。此外,美国陆军还组建了 21 支训练标准与网络任务部队相同的预备役网络防护小组,以构建美国陆军多元化的网络作战力量。

美国陆军特种作战司令部拥有 2.85 万人,占美军特种作战人员的 45%,是美军特种作战的决定性力量。

在无人部队建设方面,美国陆军在 2016 年便已编配了 15 个"灰鹰"无人机连,实现了每个现役师编配有一个连,第 160 特种作战航空团配有两个连,国家训练中心编配一个连。当时,美国陆军已经实现了最新式 AH-64E"阿帕奇"直升机与"灰鹰"无人机的协同作战。直升机可以分享无人机获得的影像资料,并对其下达指令。另外,直升机还能操控体型较小的新型"影子"无人机。美国陆军期望未来每架"阿帕奇"直升机都配备 1~2 架无人机供其驱使,这种有人和无人的组合会形成协同作战能力并将显著提升作战效能。

4. 持续推进装备现代化建设

为了更好地推进装备现代化,提高效率、杜绝重复建设、减少冗余、节约费用和提高战备水平,打造一体化装备体系,美国陆军在装备建设方面,一直采取的都是装备组合管理的方法,将现有装备分为 11 个装备组合,即士兵装备、任务指挥装备、情报装备、地面机动装备、陆航装备、间射火力装备、防空反导装备、确保机动的防护装备、部队防护和核生化防护装备、运输保障装备和勤务保障装备；美国陆军还建立了定期的装备组合审查机制，以实现平衡、灵活和经济可承受的装备现代化发展目标。

在旅的建设过程中，美国陆军还对现役的"艾布拉姆斯"主战坦克、"布雷德利"步兵战车、"斯特赖克"轮式装甲车实施了对应的工程改进，以适配旅战斗队的职能。

"艾布拉姆斯"的改进重点一是提高网络化能力，增强防护水平，安装车载诊断设备，用在线可更换模块取代原有的在线可更换单元；二是提升坦克的杀伤力，配备新型多用途智能榴弹和弹药数据链。"布雷德利"改进的重点一是提高了机动性、生存能力和可靠性，升级了车辆的悬挂和履带；二是换装了更大功率的发动机和变速箱，采用了改进型发电机和新型电力分配系统。"斯特赖克"采用了更大功率的发动机和悬挂装置并增强了网络能力和双 V 车体改造，以提高对地雷和简易爆炸装置的防护能力；为了提高车载火力，还将在遥控武器站上安装 30 毫米机关炮或"标枪"反坦克导弹。此外，美国陆军通过对"帕拉丁"自行火炮实施综合管理改进计划，提高了该自行火炮的生存能力和防护能力，增强了机动性，还通过采用火炮电驱动系统增加了杀伤力。

2.2.5.2 新型作战师

师一级编制在美军历史上长期存在，且作为基本的战役单元履行着作战使命，但其组成却不断变化。从第一次世界大战前后的特殊三三制步兵师、四团制步兵师到第二次世界大战期间的三三制步兵师、装甲师，第二次世界大战后的改编曲军师、五群制原子师、改编目标陆军师、试验型轻空中突击师、三重能力师、陆军师重组研究师、86 年制师、高技术摩托化师、轻型步兵师，再到 21 世纪部队试验部队第 4 师，美军不断以作战理论和战场实际情况为基础，改革陆军战役战术单位编制。其中，86年制师是相对较近的一次系统性编制改革，指的是1983年10月制定的"卓越陆军"设计方案，其在1986年完成编制转型，当时美国陆军师级部队包括轻型师、重型师、山地师、空降师、空中突击师5种类型，下辖9或10个作战营，而旅仅作为师建制内的一级指挥机构，平时不负责训练，战时根据需要进行临时编组。

2022年年初，新版《目标点兵力结构倡议：美国陆军2030》中以现有战斗旅为兵力基础，重新组建5类新型作战师。

1. 新型作战师建设思路

自2018年以来，美国陆军重新评估未来作战环境，认为"以模块化旅为中心"的兵力结构面对竞争对手"反介入/区域拒止"系统，缺乏纵深多域感知能力、远程精确火力打击能力、战术边缘情报分析处理能力、成建制网络/电子战等能力；为此重新调整了兵力结构，塑造新型师作为战术作战基本单位，改编5类新型作战师：装甲突防师（Penetration Division）、重型标准师（Standard Division, Heavy）、轻型标准师（Standard Division, Light）、空降型联合突击师（Joint Forcible Entry Division – Airborne）、空中突击师（Joint Forcible Entry Division – Air Assault）。每种作战师都精确对应特定的作战职能与作战任务，并进行合适的装备系统编配和适应性作战训练。

2. 新型作战师编制结构

1）装甲突防师

美国陆军计划以第1骑兵师和第1装甲师为基础组建2支突防师，主要由师部营、3个装甲旅（可扩编）、1个师属装甲骑兵营、1个炮兵旅、1个防护旅、1个重型航空旅和1个支援保障旅组成。新设的师属装甲骑兵营，一般要求在大规模作战中部署在装甲旅的正面和侧翼，遂行侦察和预警任务，为指挥官提供情报数据，自2022年开始试点建设。师属炮兵旅中增设增程火炮营，这是唯一一个在炮兵旅编制中加设的。作为美国陆军远程精确火力项目群成果，增程火炮射程可达 70 千米，预计 2025 年完成 18 门增程火炮配置建设并投入使用。另外还应该注意，即便在现行的陆军野战炮兵旅编制中也编入了太空作战力量，在作战科中编入太空作战官，也应将评估太空作战环境影响、协调导弹预警力量、支持情报与通信工作等作为重要职能。师属支援保障旅内下设 3 个工兵营，包括 7 个战斗工兵连、5 个架桥连，可伴随装甲旅机动，执行架桥、铺路等工程作业，保证突防师在遇到河流等地形阻碍时仍具有持续的突防机动能力。为了提升正面突防能力，每个装甲旅都增设了机器人战车连，包括轻中重 3 型机器人战车。机器人战车是美国陆军下一代战车项目群成果，于 2022 年在第 1 骑兵师试点机器人战车连士兵实验，探索机器人战车运用方式。

2）重型标准师

重型标准师下设师部营、师属工兵营、2 个装甲旅、1 个"斯特赖克"旅、1 个炮兵旅、1 个支援保障旅、1 个重型航空旅、1 个防护旅，机动能力更强，是美国陆军未来装甲部队的主要组成部分。陆航旅与其他师一样，编配无人飞行器连。重型标准师拟以第 1、第 2、第 3、第 4 机步师为基础编成。

3）轻型标准师

轻型标准师下设师部营、师属工兵营、3 个步兵旅、1 个轻型坦克营、1 个炮兵旅、1 个轻型航空旅、1 个防护旅、1 个支援保障旅，可根据任务需求增加"斯特赖克"旅，将成为未来美国陆军作战力量的基石。轻型标准师拟以第 10 山地师和第 25 步兵师为基础整编，后续将整合美国陆军现有全部步兵旅战斗队。其特点是：①步兵旅下属步兵营试点无人化、智能化作战分队。通过构建有人无人编组，组建跨域机动排，集成地面、空中、水上机器人原型，全面提升排级步兵的杀伤、机动、防护、态势感知等能力，使用自主系统与人工智能赋能未来步兵作战，推进相关部队能力建设。②根据作战任务区分设摩托化步兵和轻步兵。摩托化步兵配置步兵班组车、联合轻型战术车、防地雷反伏击车，具有较强的战略机动性和作战灵活性，适合沙漠等开阔地形作战，轻型步兵仅配置基础的机车辆，适合城市、地下、雨林等复杂地形作战。③增设师属轻型坦克营，区分营指挥部和坦克连，分别建设，营指挥部基于现有装甲旅骑兵营营部连进行改组，坦克连基于现有步兵旅骑兵营进行改组，将于2029年前合并完成组建；轻型坦克是下一代战车项目群成果，2025年完成列装。

4）空降型联合突击师

空降型联合突击师以第82空降师为基础进行改编，下设师部营、师属工兵营、3个空降步兵旅、1个空降骑兵营、1个轻型坦克营、1个炮兵旅、1个轻型航空旅、1个防护旅、1个支援保障旅。其特点是：①专注伞降作战。空降型联合突击师主要作战样式是通过运输机伞降将部队作为前期投送力量，投送到对手防线后方夺取关键地形并守卫阵地。②配备师属侦察力量。由于对手纵深遂行作战任务对情报、监视、侦察、警戒等能力需求大幅提升，因此新增一个师属骑兵侦察营，下设营部连、3个侦察连、1个跨域侦察监视连以及1个保障连。骑兵侦察营的设计理念与突防师装甲骑兵营相似，但不装备重型武器。

5）空中突击师

空中突击师以第101空降师为基础改编而成，下设师部营、师属工兵营、3个空中突击步兵旅、1个机降骑兵营、1个轻型坦克营、1个炮兵旅、1个重型航空旅、1个防护旅、1个支援保障旅，与空降师编制基本相同，但多1个通用直升机营。其特点是：①专注空中突击作战。空中突击师可运用陆航平台遂行空中突击作战任务，具备跨越复杂地形的强机动能力。美国陆军现役陆航平台主要包括"阿帕奇"武装直升机、"黑鹰"通用直升机、"支奴干"重型运输直升机，新一代的"未来攻击侦察机"和"未来远程攻击机"依然处于原型设计研发阶段，计划2030年前后列装部队并形成作战能力。②具有强大航空力量。空中突击师的通用直升机营和支援保障营等，列装8架"黑鹰"指挥直升机、12架"支奴干"重型运输直升机和15架UH-60M"黑鹰"直升机用于医疗救护。

美国陆军在5类新型作战师的建设中，首先改编了原有旅，装甲旅撤编炮兵营、缩编部分骑兵营，"斯特赖克"旅和步兵旅撤编炮兵营、工兵营，缩编侦察营。旅战斗队逐渐不再作为可以独立执行作战任务的战术作战单位，而是作为未来作战师的主要机动单位。与"卓越陆军"的师旅相比，旅仍然作为政令军令于一体的实体单位得以保留。其次改组了新建特定功能的各类功能型旅，包括炮兵旅、工兵旅、支援保障旅、防护旅。其中，防护旅为此次转型新建的功能旅，下设工兵营、宪兵营、核生化防护营、机动近程防空营。机动近程防空营装备了"机动近程防空"系统，可以伴随机动部队遂行作战任务，是未来美国陆军野战防空反导的核心力量。这些都体现了美国陆军于21世纪初模块化部队转型中将部队区分为作战职能部队、支援职能部队和专业保障部队的成果，但将战时所需力量直接编入师旅建制，意在解决战时临时编入运行不畅等问题。同时，其对综合防护力量的大幅扩编，也体现了美国陆军与"均势对手"较量时的谨慎。

在5个新型作战师中，电磁攻击力量、无人作战力量都得到加强。电磁攻击力量编设于骑兵营内，机器人战车分散于合成营与骑兵连里。师属侦察力量多则10个连，少则6个连，样式更为灵活多样，范围不断拓展。地面突击能力和情报获取能力都得到显著增强。

3. 新型作战师的发展

组建新型作战部队是美国陆军面向未来高端战争转型的主要举措，"旅改师"是面向未来高端战争的重塑，都是以作战需求变化和实战经验教训为导向的，是针对未来大国竞争和激烈冲突而准备的，特别是应对东欧和东亚西太平洋两个方向。

从编制上说，如装甲突防师在人数上要比1986年制重型师少近

6 000 人，但在力量构成上却增加近 4 个旅，其主要依据是智能化装备的列装。至于能否在 2028 年前形成理想中的战斗力，主要取决于装备发展。而这种师的作战能力虽增强了，但削弱了原来旅的作战正面与纵深。从应用场合上说，在东亚西太平洋地区，由于受制于空运和海运运力，整个陆军师有多少人员和装备能一次性投入与对方重中型合成旅的战斗，仍未可知。

实践中，2022 年 6 月，美国陆军为强化北极方向的高端战争作战力量，正式成立第 11 空降师。此外，2020 年 2 月，美国陆军在欧洲重新组建了第 5 师。

总之，从目前的准备情况看，新型作战师有望在 2028 年提前完成定编，但能否在美军期待的大规模作战中发挥理想作用仍充满诸多不确定因素。

2.3 领域能力

2.3.1 重要项目群

六大项目群是美国陆军提升作战能力的主要抓手。每个项目群中涉及的技术都对美军作战职能有所提升，而每个项目群又有所侧重。项目群自提出以来，经历了多次迭代发展。

2.3.1.1 项目群发展路线

2021 年 1 月，美国陆军未来司令部下辖的作战能力指挥部发布路线图，该路线图结合作战能力发展指挥部在六大项目群研发工作中承担的职能任务，首次系统地阐述了司令部当前研发工作对六大项目群的支持。其主要内容包括以下几方面：

（1）研发火炮增程、战术弹道导弹、反舰导弹等技术，支持远程精确火力项目群。

远程精确火力项目群涉及多种新型炮兵武器的发展，包括增程火炮、精确打击导弹、战略远程火炮、反舰导弹等。作战能力发展指挥部由武器中心牵头，联合地面车辆系统中心、航空与导弹中心等为远程精确火力项目群提供支持。地面车辆中心为增程火炮研发高电压组件，提高火炮动力与火力压制能力。航空与导弹中心为精确打击导弹研发相关技术族，提高导弹射程至 500 千米，从而提高导弹抗 GPS 干扰能力。精确打击导弹已从 2023 年开始部署，目的是取代陆军现役战术导弹系统。武器中心与美国海军合作研发陆基反舰导弹技术，使陆军首次具备精确打击"反介入/区域拒止"环境中海上移动目标的能力。

（2）研发主动防护系统、机器人与自主技术、辅助目标识别技术等，支持下一代战车项目群。

下一代战车项目群涉及多款装甲车辆的发展，包括可选有人战车、机器人战车、多用途装甲车、机动防护火力支援战车等。作战能力发展指挥部由地面车辆系统中心牵头，联合 C5ISR 中心、武器中心等为下一代战车项目群提供支持。地面车辆系统中心正推进模块化主动防护系统项目，为车辆寻求集成硬杀伤和软杀伤系统，以实现分层防护，提高车辆和士兵的生存能力。模块化主动防护系统已被下一代战车能力开发文件草案列为关键技术。地面车辆系统中心利用军用机器人操作系统研发一系列自主技术和机器人技术，用来代替或协助士兵执行任务，提高士兵生存能力和作战效能。地面车辆系统中心利用技术演示样车展示各种用于有人－无人协同的新兴技术。C5ISR 中心研发出的辅助目标识别技术包括实时图像和信号处理算法，支持有人和无人车目标捕获与决策，可以减轻士兵的工作负荷。

（3）研发侦察攻击直升机等，支持未来垂直起降飞行器项目群。

未来垂直起降飞行器项目群涉及多型飞行器及系统的发展，包括未来侦察攻击直升机、未来远程攻击直升机、未来无人机、模块化开放式系统架构等。作战能力发展司令部由航空与导弹中心牵头，为未来垂直起降飞行器项目群提供支持。航空与导弹中心研发的综合任务装备是模块化开放式系统架构的数字中枢，支持即插即用功能，未来还可用于车辆等平台。航空与导弹中心利用开放式架构软硬件研发模块化导弹，不仅能降低导弹的全寿命周期成本，还可以使导弹具有更大的战术使用灵活性和快速改进能力。航空与导弹中心正在研发未来侦察攻击直升机样机，用于地面和飞行演示，为陆军下一代飞机的研发提供需求信息。未来侦察攻击直升机的最高速度是每小时378千米，最高航程是每小时250千米，具备躲避雷达探测、控制无人机的能力。

（4）研发统一网络、任务指挥套件，提高联合部队互操作性和指挥所生存能力支持网络项目群。

作战能力发展指挥部通过战术无线电、商业蜂窝能力、军用和商业卫星通信以及网络传输硬件系统的组合，创建可无缝切换连接的统一网络；开发简化的任务指挥应用程序套件，包括指挥所计算环境、车辆计算环境、移动/手持计算环境等可互操作的计算环境；提高陆军与联合部队和盟军之间的互操作性，确保陆军与盟军之间共享通用作战图及可供交换的数据；确保指挥所的远征性和生存能力，实现移动指挥所之间无缝、互联的指挥协同，降低指挥所可探测性。

（5）研发六层防空反导系统，支持一体化防空反导项目群。

一体化防空反导项目群涉及多层级陆基防空反导系统的发展，包括机动型近程防空系统、间瞄火力防护能力、低层防空反导传感器、陆军一体化防空反导等。作战能力发展司令部由航空与导弹中心牵头研制六层防空反导系统，支持一体化防空反导项目群。第一层是"刀锋"系统，由遥控武器站和先进雷达组成，尺寸最小、机动性最高，用于拦截无人机。第二层是"多任务高能激光武器"，将固态高能激光器安装在机动平台上，能以更低的成本和更高的机动性摧毁来袭弹药和无人机。第三层和第四层是"机动近程防空系统"和"下一代火控雷达",两系统配合使用。"机动近程防空系统"安装在"斯特赖克"装甲车上,该车的炮塔上装有2枚"海尔法"导弹、1门M230LF型30毫米链式炮、1挺7.62毫米机枪和4枚"毒刺"防空导弹,可以为"斯特赖克"和装甲旅战斗队提供360度防空能力。"下一代火控雷达"能同时跟踪多个目标并具备自适应波束成形能力,提高士兵作战能力和生存能力。第五层是"高能激光器-战术车辆演示系统",即在中型战术车辆上安装100千瓦级激光武器系统,保护军事基地免受火箭弹、炮弹、迫击炮弹、无人机等袭击。第六层是"低成本增程防空导弹"系统,该导弹将配用先进导航系统、低成本导引头和战斗部,可拦截亚声速巡航导弹、无人机等目标。

(6)研发补给、电池、轻武器、防护等装备技术,支持士兵杀伤力项目群。

士兵杀伤力项目群涉及多型士兵装备的发展,包括下一代班组武器——自动步枪和步枪、一体化视觉增强系统、增强型双目夜视眼镜、班组沉浸式训练器等。作战能力发展司令部由士兵中心牵头,联合C5ISR中心、武器中心、航空和导弹中心、数据和分析中心为士兵杀伤力项目群提供支持。士兵中心采用真空微波干燥和超声波团聚等新兴食品加工技术,减轻单兵口粮的重量和体积。C5ISR中心探索采用硅阳极技术降低电池质量,为下一代班组武器研发一体式电源。武器中心为下一代班组武器研发弹药、武器、电源、下一代火控系统等诸多组件,用于取代M249型班用机枪。士兵中心除研发微波武器防护装置、头戴式集成装置、伪装装备、小型地面机器人和无人机等减轻士兵负荷和操作复杂性的装备外,还要提高杀伤力和态势感知能力。航空和导弹中心利用商业游戏技术研发可供士兵在模拟作战环境中训练的系统。数据与分析中心负责研发先进的分析技术,用于轻武器杀伤力、装备脆弱性、单兵装备人机功效等的分析和样机测试。

2.3.1.2 部分项目群建设设想

1. 远程精确火力

美国陆军在 2018 年的科技规划中提到，远程精确火力项目重点发展战略纵深（包括高超声速武器）、中程（远程精确火力导弹）和近程火力（增程火炮）。纵深火力主要提供地对地火力打击能力，可以穿透同等对手的防御系统，参与打击战略性关键目标。远程精确火力取代现役陆军战术导弹系统，通过提高射程、提升每个发射装置的容量、改进弹药杀伤力、提高飞行速度和缩短飞行时间，来增强火力效率和抗干扰能力，从而提高火力打击能力。近程火力主要是提高步兵自行榴弹炮作战能力，为旅战斗队和师一级作战提供间接火力支援。

对于高超声速武器方面，美国陆军于 2018 年设立了一个新的项目办公室，专门管理通用滑翔飞行器的研制和生产，并将与美国空军、海军和导弹防御局合作研制高超声速滑翔飞行器。

该项目群主要希望实现以下效果：

1）传统火炮导弹结合形成全程覆盖火力打击能力

一直以来，美国陆军装备的近程火炮的系统射程均在 40 千米以内，中程火力主要依靠发射火箭弹和导弹，最大射程 300 千米以内，而远程火力由于之前受到《中导条约》的限制更是空白。相较于空、海军，美国陆军火力射程捉襟见肘。为了增强火力打击能力，美国陆军采取技术升级、更新换代等方式不断延伸火力射程，形成全程覆盖火力打击能力。

（1）近程火力大幅增程。美国陆军通过"增程火炮"项目将现有"帕拉丁"自行榴弹炮的身管加长，获得更大出膛速度，并采用新型火箭助推炮弹来增加射程。2021 年 8 月，美国陆军在亚利桑那州尤马试验场使用该炮成功击中 70 千米外目标，使"帕拉丁"的射程从 30 千米增加到 70 千米，而且未来射程还将不断增加。美国陆军计划

2026年前采购77门增程火炮，实现陆军近程火力延伸。

（2）中程火力强化精打。美国陆军"精确打击导弹"项目对原"多管火箭发射系统"和"高机动火箭炮系统"（海玛斯）进行技术升级，缩小导弹弹径，这一升级不但使携弹量翻倍，而且射程从300千米增加到500千米。2021年11月，美国陆军在"会聚工程2021"作战实验的实弹演习中成功试射"精确打击导弹"，射程达到499.2千米。美国陆军计划于2025年8月前让"精确打击导弹"形成初步作战能力，计划首次采购2 422枚"精确打击导弹"；"精确打击导弹"的多模复合引导头能够在复杂环境下对移动目标和时间敏感目标实施精确打击（包括海上移动目标），这不但增强了美国陆军中程火力覆盖能力，还实现了美国陆军以陆制海之一作战目标。

（3）远程火力填补空白。自2019年5月美国正式退出《中导条约》后，美国陆军就计划将美海军现役的"标准-6"型防空导弹和"战斧"巡航导弹改造为陆基导弹系统，从而使陆军火力射程覆盖范围为500~1500千米。美国陆军改造后的陆基导弹系统将填补美国陆军长期以来远程打击火力的空白，实现美国陆军战区外精确火力打击能力。

2）高超音速突防能力

高超音速飞行器因其速度快、轨道难以预测，使得一般雷达系统难以预警、防空系统难以拦截。目前，美国陆军"远程高超音速武器"已成功研制出5倍音速滑翔弹，使用时先将弹头发射到大气层外预定高度和速度；重返大气层后，中段在6万米高空飞行，起飞段仅有90秒，而且远离敌方防空系统，末段又以高超音速直奔目标，使其拦截难上加难。2020年3月，美国陆军在夏威夷考艾岛的太平洋导弹靶场就使用了超高音速导弹，凭借15.24厘米的打击精度成功摧毁预定目标。

2. 下一代战车

发展下一代战车的背景：美国陆军现役装备中，M1"艾布拉姆斯"主战坦克、M2"布雷德利"步兵战车和 M113 装甲车虽然一直在持续改进升级,但这些装备已经接近寿命极限,近战的能力优势正逐渐缩小。过去两次取代现役战车的未来战斗系统项目和地面战车项目由于规划和费用方面的原因被取消。为此,美国陆军于 2015 年提出"下一代战车"项目。该项目最初被称为"未来战车",由 BAE 地面系统公司和通用动力地面系统公司开展未来战车概念设计工作。2017 年,为了实现这一目标,时任美国陆军高层组建了下一代战车(NGCV)跨职能团队,后归入未来司令部。该跨职能团队致力于自动化、人工智能和机器学习等前沿技术的研究,以更好地为下一代战车服务。2018 年 10 月,美国陆军领导层决定将下一代战车项目扩展为一系列战车项目,构建下一代战车体系,从而将战场上的能力优势保持至 2050 年甚至更久以后。

1)可选载人战车

该项目旨在研发"布雷德利"步兵战车(BIFV)替代车型。与"布雷德利"步兵战车一样,其可选载人战车将在诸兵种合成战斗队编成内参与作战行动,但将对跨域机动实施支援,并在己方机动士兵达到战术目标的同时,随时消灭敌方步兵。2018 年 9 月,美国陆军提出可选载人战车必须具备的能力包括以下几个方面:①可选有人,必须能够遥控操作;②承载能力,能搭载 2 名乘员和 6 名士兵;③可运输性,两辆可选有人战车可由一架 C-17 运输机运输;④密集城市地形作战和机动性;⑤防护性,必须有在当前和未来战场上生存所需的防护;⑥可扩展性,应拥有足够的尺寸、质量、结构、动力和冷却性能;⑦杀伤力,具备采用直射火力、杀伤性增程中口径火炮、定向能武器等设备全天时、全天候打击移动和静止目标的能力;⑧嵌入式平台训练;⑨维修保障,降低后勤保障负担。

2)机动防护火力支援车

该项目旨在研发火力支援车,为初期行动、强行进入行动提供有防护的远程精确直射火力,并与地面机动车和轻型侦察车配合使用,弥补步兵旅级战斗队在机动直射火力上的能力缺口。2013年，美国陆军第82空降师提交了一份《作战需求声明报告》，明确要求加急为其装备可实施联合强行介入行动的机动防护火力车。防护性机动火力项目也是美国陆军《2015年战车现代化战略》中的第一优先项目。

3）多用途装甲车

该项目旨在研发M113装甲车替代车型，以填补装甲旅战斗队目前和未来在部队防护、机动性、可靠性和互操作性方面的能力差距。对多用途装甲车的设计指标要求包括：抵御直接、间接射击和简易爆炸装置/反坦克地雷的能力，具有如M1主战坦克和M2步兵战车一般的越野机动能力，具有情报、信息、通信能力，以及良好的升级和变型能力。多用途装甲车项目提出的车型包括通用车、任务指挥车、迫击炮载车（自行迫击炮）、医疗后送车和救护车等。

4）决定性杀伤平台

该项目旨在研发下一代主战坦克，以替代"艾布拉姆斯"坦克。下一代主战坦克可能采用120毫米或者125毫米火炮、激光炮，采用先进传感器和轻型复合装甲材料，并且加强侧面和底部的防护。"战利品"主动防护系统也有可能被应用在下一代主战坦克上。

5）机器人战车

开发系列机器人战车有两个基本目的：①为未来战场提供决定性杀伤力；②将执行极端危险任务的风险从士兵转移给无人平台。机器人战车将扩展战场的几何（空间）结构，快速生成通用作战图，并使作战指挥官能够在与敌首次接触前使用外部资产（即机器人战车）。毋庸置疑的是，机器人战车将取代士兵，作战指挥官能够将其配置在未来战场最危险的位置，以遂行突破行动、长期作战，以及完成密集城市环境中地下空间作战等复杂艰巨任务。

美国陆军计划同时开发三种机器人战车，即用于运输/通用/核生化侦察的轻型机器人战车、能携带更多载荷和武器的中型轻型机器人战车、具备决定性杀伤力的重型机器人坦克，以配合有人战车进入战斗，这样既可以保护可选有人操控战车，又可以提供额外的火力支援。三种战车的分工设想为：①轻型战车先于有人战车机动到战场最危险前沿对敌方实施侦察，搜集战场情报信息，即使被敌方发现遭遇攻击失去战斗力或机动力，其受保护的传感器系统仍能将重要数据和情报信息传输给有人作战平台。②中型战车具备一定火力和防护力，可作为"开路先锋"在有人战车机动道路、丛林或城市环境中探测敌方可能的伏击阵地，先利用试探性火力使敌方暴露目标，再引导主力火力将敌方摧毁。也可对敌方实施电子干扰和电磁压制，或在受核生化沾染环境中遂行任务，减少人员伤害。③重型战车具备与有人战车同等的杀伤力，可作为"僚车"与有人战车并肩协同作战，为有人战车提供安全防护与火力掩护。

3. 垂直起降飞行器

未来，垂直起降飞行器项目群包括未来远程突击直升机、未来攻击侦察直升机、未来无人机、通用模块化开放式体系架构。其中，通用模块化开放式体系架构将研发一系列标准接口，使美国陆军所有直升机都能根据需求对来自不同承包商的软硬件"即插即用"。

美国陆军认为，未来垂直起降飞行器应成为陆军甚至联合部队未来作战的航空先锋。在未来战争中的应用职能和作战想定或许如下：

（1）无人机率先出动，用于探测敌方空域，以收集情报、打击目标等。其中空射无人机可利用未来攻击侦察直升机（可搭载干扰器、诱饵、网络中继器及爆炸物）进行发射。但远航程大型先进无人机项目是否正式竞标还未确定；近航程的较小型未来战术无人机目前正在研发。

（2）未来攻击侦察直升机潜伏在前线，为无人机提供人员监督并为陆军地面部队提供近战支援。当未来攻击侦察直升机和无人机群发现威胁时，可自行消除威胁，或将目标数据传递给陆军增程火炮、精确打击导弹或高超声速武器等；或通过未来联合全域指挥与控制（JADC2）网络召唤空军进行打击。

（3）在通用模块化开放式体系架构的帮助下，有人战机、无人机、火炮、电子干扰和网络攻击等协同作战，可快速摧毁敌方防空网络。

（4）未来远程突击直升机搭载的特种兵和步兵将摧毁未受空袭影响的目标，占领重要区域，并完成无人机无法完成的近距离侦察工作，为下一轮攻击打下基础。

（5）一旦突破敌方防空系统并削弱其协同能力，"黑鹰""阿帕奇""支努干"等现役最新改进型直升机将利用这些突破口继续作战。由于现役最新改进型直升机将伴随未来垂直起降飞行器一直服役至21世纪40年代，美国陆军正在对其进行持续升级改进，以与未来垂直起降飞行器实现一体化融合。

为实现上述作战计划，陆航力量不仅须通过陆军的未来抗干扰网络相互连接，还必须与地面部队以及空军实现相互连接。为此，美国陆军需要建设一个在被攻击或干扰的情况下仍能实现远距离高速传输数据的网络。

4. 网络

美国陆军一方面追求"从传感器到武器"的快速联通；另一方面在未来"均势对手"竞争战略环境指导下寻求在低可靠条件下的有效通信。在当前的实践中，美国陆军在低轨卫星侦察、大数据、云计算和人工智能等技术的支撑下，已开始测试打通情报到火力的传输与指控网络。经典案例如"会聚工程2020"作战实验所示，其背后的主要做法如下：

（1）低轨星链探测目标。为强化侦察感知能力，美国陆军充分利用天基侦察技术，大力发展低轨卫星传感器项目，促进侦察监视系统多元化。2018年美国陆军启动"星链"计划，与商业卫星技术公司深度合作，在成本低、数量多的商业低轨卫星上加载军用传感器，形成庞大的、数以千计的低轨卫星侦察监视网。目前，"星链"正在升级为"星盾"。

（2）地面站加速传输。美国陆军研发"泰坦"（TITAN）远程情报地面站，能够深度融合太空、高空、空中、地面、海洋、网络等多个作战域的传感器，以其强大的云计算能力实现数据实时接收、分类、处理和传输，提供实时信号情报和图像情报，协助部队了解战场态势，提高指挥、控制、通信及情报侦察效率，支持远程精确火力打击。

（3）人工智能自动匹配。美国陆军研发的人工智能软件与所有武器系统相连接，根据目标参数和武器性能自动匹配，智能决策打击方案，完全实现"发现即摧毁"极速杀伤体系作战能力。在美国陆军"会聚工程2020"作战实验的实弹演习中，"火力风暴"智能软件就将地面情报站接收和处理后的低轨卫星情报数据与己方武器系统进行对比，自主决策打击武器，摧毁目标，整个杀伤链循环耗时不到20秒，而这一过程在海湾战争中需要22小时。

5. 一体化防空反导

美国陆军于2019年3月发布《陆军防空反导2028》，其中阐述了美国陆军防空反导部队在"多域作战"背景下，2028年发展愿景及实现该愿景的方法和举措，以有效应对来自竞争大国、一般国家、非国家行为体及恐怖组织的多重、复杂、一体化的威胁；提出美国陆军防空反导建设目标是建立一支能够通过威慑和主动/被动防御等手段，阻止和击败对手空中和导弹攻击，并为进攻提供支持的一体化防空反导部队。该文件提出了在未来"多域作战"中陆军防空反导部队的三项基本作战任务：①保护战场上的美国陆军机动作战部队及其固定/半固定设施；②保护战区内各军种前方基地的关键设施；③为空军和战区防空指挥官创造空中优势，还要将优势向太空领域扩展，这一优势将直接影响作战目标的实现。该文件强调美国陆军防空反导部队不仅要满足当前的作战需求，还要平衡考虑部队调整与装备升级以应对未来挑战。

然而，从实践方面说，长期以来，美国陆军防空反导系统主要包括"爱国者"系统、"末段高层区域防御（萨德）"系统、"复仇者"系统等7套互不相连的系统，属于典型的"烟囱式"防空体系。结合一体化防空反导项目群可知，美国陆军目前对防空反导的设计已努力由单线式"联合杀伤链"向"联合杀伤网"转变，将逐步形成纵横相连、多级完备的防空体系。

①多级一体纵向集成。计划将不同种类、不同体制、不同层级、现役和在研的拦截武器与所有防空传感器一体化集成到一个共同控制平台，即"一体化防空反导作战指挥系统"（IBCS），实现纵向上陆军各防空要素一体化、网络化集成和分布式管理与控制，从而实现基于系统的"任意传感器与最佳武器"优化组合，实现复合威胁条件下对各种空中威胁的全谱控制和有效防御。为实现纵向集成，IBCS采用开放式架构和标准化接口设计，通过在未来所有美国陆军进攻与防御武器中设计IBCS接口，可以为"远程精确火力"、陆基高超声速武器等进攻武器和防空反导武器提供跨域数据。未来，当通过传感器网络将目标数据传送到火控网络后，火控网络可以自动或按照作战人员的指令，选择合适的进攻或防御武器进行跨域作战。

②弥补近程短板。美军计划主要由"萨德"系统、PAC-3系统构成50~200千米距离、20~150千米高度的双层防空反导网，防御各种近中程弹道导弹、巡航导弹、轰炸机和战斗机。但随着各类无人机、小型无人机蜂群、低成本火箭弹等中（低）空威胁增加，美国陆军重新加大近程防空能力建设，其"机动近程防空"和"间瞄火力防护"计划就是将各类近程防空武器装备到"斯特赖克"装甲战车和"中型战术车辆"卡车上，除依赖传统"毒刺""地狱火"等激光制导导弹和防空火炮外，将重点使用功率为50~100千瓦的高能激光武器拦截空中目标。目前，美国陆军已经完成功率为5千瓦和10千瓦的激光武器成功拦截小口径迫击炮弹、无人机和小型无人机蜂群的实弹测试，并于2023年将高能激光武器集成到近程防空体系中。高能激光武器列装将使美国陆军近程防空能力实现质的飞跃。

③跨军种合作横向贯通。美国陆军计划横向上与美海军"一体化防空火控系统"相连接，进一步扩展防空体系能力。据美军模拟仿真计算，这将使美国陆军防空反导作战空域提升125%，将拦截范围扩大135%，将拦截机会增加50%，将防护范围增加221%。

2.3.2 数据战略实施

现代战争数据愈发重要。在未来战场上，基于云的计算机系统会从上百亿个设备中接收数据，通过采集、关联、处理、展示等处理技术，向指挥官提供实时战场情报和决策支持。美国陆军较早地认识到这些，于2016年2月发布《陆军数据战略》，以加速数据的采集和决策支持转化效率，来实现未来战场数据的可获取、可利用、可访问、可理解和互操作目标。数据战略实施主要体现在指挥控制与通信职能，支撑信息与情报的获取与处理，通过通信进一步支撑火力、机动、防护与后勤。

1. 原则

美国陆军数据战略包括一系列原则，具体内容如下。

（1）战略资产原则。美国陆军视数据为战略资产，认为"数据必须作为战略资产管理。美国陆军的目标是创建和支持以网络为中心的作战环境，赋予指挥员即时、安全利用数据资产的能力"。

（2）数据和信息相异原则。数据战略中区分数据和信息的概念，即"数据是信息的物理表现形式，但不等同于信息"，而信息"来源于数据，是数据在一定背景下被解释形成的"，同一个指挥员接收到同一份数据，可能会产生完全不同的理解，这是因为他们的知识背景不同。

（3）信息共享原则。即有效的指挥决策和执行需要高效的信息共享。

（4）数据可视化原则。指信息形成者和管理者有责任和义务确保其数据为授权用户保持公开可见,并且能够通过标准化机制为用户提供访问利用。

(5)信息授权访问原则。指陆军流程应当为授权用户提供支持决策信息,且无论其地点和时间如何。

(6)标准框架一致性原则。指数据战略和陆军管理及政策框架保持一致,以便推动和提升陆军系统的信息共享效率,达到美军国防部信息共享目标。

(7)成本有效性评估原则。指陆军数据战略实施的有效性可以根据政策实施后的成本节约效率来进行评估。

(8)安全原则。指公开、敏感或涉密信息必须根据法律法规和政策来处理,以确保数据和信息的安全性。

2. 具体目标及实施

1)数据可视化目标

数据可视化指能够允许被授权用户发现陆军的数据、信息和服务,也就是说,用户能够知道数据资源的存在并看到数据。一方面,数据的可视化需要数据形成单位的主动和配合,愿意将自身形成的数据在一定程度和范围公开,提供给用户使用;而另一方面,也需要提供相应的技术手段,支持数据的公开和发现。为了实现数据可视化目标,陆军主要采取以下举措:①强制遵循,即针对某些数据持有者不愿意注册数据源和相关元数据的情况,采用法规强制其遵循现行的美军国防部和陆军数据注册服务规定,主动注册和提交数据资源。②共享空间建设,即陆军数据形成单位要向美军国防部建立的共享空间提交数据,这些共享空间将作为数据仓库,提供存储和服务机制,支持作战数据利用,而提交至数据共享空间的数据将附加相关元数据,通过美军检索工具提供数据发现。③根据数据结构和定义注册元数据,即数据形成单位提交的所有数据资源都必须根据国防部发布的《数据资源发现元数据标准》提供元数据,这些元数据既可以支持数据资源集合的发现,也可以用于其中某一条数据记录的发现。④数据服务接口的定义是指在陆军现有数据服务层框架建立数据服务接口，支持各部门开发与数据可视化相关的数据服务。

2）数据可获取目标

数据可获取指允许所有证书用户通过一致的访问方法，在遵循法律法规、政策和安全控制的前提下访问授权数据、信息和服务。实现这一目标的重点是要使具有权限的用户能够获取到数据，而不具有权限的用户被屏蔽。为实现这一目标，美国陆军采取的主要措施包括：①开发数据访问服务，陆军将在虚拟的或物理数据共享空间中开发数据访问功能，用于数据资源的统一检索和访问，国防部为所有授权数据源单位开发和公开 Web 访问服务。②链接安全元数据，每一份数据资源将赋予安全元数据，系统将根据安全元数据对数据资源进行分级安全控制。

3）数据可理解目标

数据可理解指用户收到数据以后，对数据的语义能够形成准确和一致的解释。美国陆军在加强数据可理解性方面采取的措施包括：①创建数据模型，陆军数据模型支持数据模型开发和实施流程、方法、最佳实践和主题词表等，例如针对普适概念（如人、地点、时间等）建立标准化、可重用的语义模块；建立词汇表、分类表、主题词表、数据字典等，形成对通用术语概念和术语级次关系的一致定义；定义本体，精确在一定应用背景下的语义；建立命名规则、模型范式、设计和分析原则、数据结构、建模语言指南等。②数据集成，数据集成就是将两个或多个数据集合并在一起，并生成一个一致的、连续的数据视图。美国陆军数据集成的步骤通常包括将输入数据转化为通用的规范格式、在输入的数据中集中识别代表同一类信息的数据元素集合、对输入数据进行清洗、校验记录间数据值的冲突、识别数据元素值的同义现象、删除重复记录等。③标识信息需求追踪，信息需求可追踪可以确保正确的信息可用，并且可以提供给美国陆军及其盟友等终端用户使用。

4）数据可信任目标

数据可信任目标是确保数据真实且来源可靠。实现这一目标的关键在于从来源上确保数据源的可靠性和在数据传输过程中保证数据不被篡改。为实现这一目标，美国陆军采取的基本措施包括：①标识授权数据源，陆军对内部和外部数据源进行认证，通过认证的标识数据源被注册为授权数据源，这些数据源中包含的信息是指挥员、决策制定者和所有陆军成员可以信任并放心使用的。②确保数据安全和数据访问安全，在系统设计、开发、运行中集成系统的安全机制保护陆军信息的隐私性、完整性和可用性。

5）数据互操作目标

数据互操作目标指数据提供者确保数据能够跨系统和平台使用。实现数据互操作目标的最优战略是数据形成时就遵循统一的标准来建设，如使用非私有、开源的行业标准或美军定义的标准，这样会有效提高互操作能力，而在已经形成多样化数据格式情况下进行互操作，就需要采取更为复杂的技术方法来实现可操作目标。为实现这一目标，美国陆军采取的主要措施包括：①遵循美国陆军提出的信息交换标准建设数据。②建立主数据管理。主数据指的是在整个陆军各个系统间要共享的数据，如唯一标识符、描述作战人员信息的数据、位置信息等，这些信息都是需要在陆军中跨系统重复使用的高价值数据，对主数据进行管理可以在整个军队范围内保持知识的连续性和一致性。由于主数据在进行管理之前经常分散在多个异构或同构系统中，因此，需要对其进行主数据管理，提供一套约束和方法来确保主数据的有效控制、更新和使用，这些方法包括数据仓库、数据质量、数据集成和数据映射等。③建立信息共享空间。可以在需要进行互操作的领域成立一个非正式、松散的成员组织或正式组织作为互操作用户空间，成员可以是系统、服务、应用或数据资源方面的代表。④建立数据翻译和中介。数据翻译和数据中介是通过中间代理将数据从原始语义格式向接收者目标格式翻译的机制。中间代理主要是指第三方中间格式,当然,数据翻译和中介的使用次数应当尽可能减少,从而减少互操作语义的丢失和复杂度。

3. 实施关键环节分析

1)标准控制、顶层设计

为实现数据战略目标,美国陆军将数据实施具体划分为元数据管理、数据建模、数据质量、大数据、数据云等共19项工作,而且针对每项工作都发布了相应的军用标准来指导相关数据功能的开发和建设,从而统一顶层设计。

这些标准定义功能的实施框架、实施技术、相关参考标准、最佳实践、功能业务目标等问题,基于标准来推动核心数据功能的可视化、可获取、可理解性、互操作性,从而形成一个高效的信息共享战场环境。美国陆军将要制定和完善的核心标准包括:①数据质量管理标准。美国陆军数据战略规定数据形成部门都必须集成一个综合数据质量管理项目作为数据生成和维护活动的一部分。数据质量管理项目通过选择和实施数据质量标准,确保陆军信息产品能够达到必要的数据质量要求,提供给用户和系统使用。该标准主要是对数据质量管理项目的目标、流程等提出的标准化要求。②美国陆军数据战略评估标准。该标准主要是明确实现陆军数据战略目标所需的具体数据管理能力,并且明确度量这种能力的方法。通过该标准,美国陆军可以评估现有的数据管理水平,并且明确未来的提升目标。③主数据管理和唯一标识符标准。该标准定义一套规则、流程和技术,来确保陆军主数据跨应用、系统、数据库、业务域、功能区、组织、地域、传输信道的准确性、完整性、一致性、及时性。其中,唯一标识符是主数据的一种,美国陆军规定,所有数据都必须采用全球唯一标识符来确保数据集成的完整性和数据互操作。唯一标识符机制通过对陆军重要资产提供全军范围内的通用标识符来支持数据的集成和互操作,并且是技术中立的,用来在不同数据集中链接和集成数据。④大数据管理标准。大数据是用于描述量大、迅速变化和多结构数据集的术语,大数据可能由结构化和非结构化数据组成。美国陆军将采用双管齐下的方法管理大数据，首先，努力提升数据管理效率，确保数据权威、及时、安全和高质；其次，美国陆军将开发标识、开发和实施有效决策支持和分析工具最大化的大数据分析能力，该标准主要是明确这两个部分的内容。这些标准覆盖了数据质量管理、云计算管理、大数据管理等重点领域，另外，元数据、数据安全、云计算数据等的相关功能，陆军可以通过遵循更高层级美军国防部发布的相关标准来规范功能顶层设计。

2）技术预测、科研攻关

美国陆军对 2040 年未来战场数据战略的实施技术，包括对数据的可获取、可理解、互操作技术进行了预测，预测的目的在于集体攻关，借助军民实验室、高校、企业等科研部门的数据技术研究力量加速数据战略目标实施，并且引导、规划、指导和扶持未来数据战略创新性技术科研项目建设。2040 年以后，美军数据战略的目标仍然是通过数据不断提升作战人员和单位的决策认知水平，在其具体实施上，可能会采用以下创新实施方法和思路。

（1）未来数据可获取技术预测。目前，影响美国陆军可获取数据目标实现的因素有很多，如烟囱林立的数据分析系统阻碍数据的及时利用、现有数据获取技术复杂且脆弱、全球网络传输能力使数据传输能力受限、对数据利用量和质方面的需求不断上升等。美国陆军认为，未来一是要研制在全球网络中集成的新一代灵活、动态和可靠的数据分析系统；二是要转变传统数据中心的建设模式，因为在军中建设大型数据中心成本高昂、技术复杂，需要专家维护和不断的经费投入，并且需要在现有全球广域网有限的带宽上传输数据和开发数据可视化能力，而这种模式会阻碍数据的获取效率和美军作战任务的完成。因此，美国陆军将研究一种新型的全球 mesh 网，这种以数据为中心，而不是以系统为中心的作战和技术架构将会在独立于系统或资源的情况下推动对数据的透明访问和利用。全球 mesh 网将建立一个美军标识认证系统，用于进行数据访问控制并且自动对数据进行安全隔离。数据在形成和捕获时，会被定义访问控制角色，而数据用户的身份标识中也会含有访问控制角色信息，系统会对两者进行匹配，这样可以确保赋予用户符合其角色权限的相关数据、应用和功能的访问授权。这样就可以支持用户在不需要人工或系统管理员参与的情况下访问数据集和资源。通过使用 DOD 标识认证系统，联合作战各方都可以用迅速且自动化的方式访问数据和决策分析。

（2）未来数据可理解技术预测。现有的大数据分析工具存在复杂的依赖和配置冲突问题，这些问题导致大数据分析工具在作战领域的应用出现问题。由于这些技术都在不断成熟和稳定，美军最终可以启动一个可扩展的、跨硬件的、集成的全球网络。这个未来的全球作战网络主要具备六个核心特点，即作战单元能够在网络连接受限的情况下继续执行重要军事任务；预定义代码元素的模块化和可移动化可以支持作战功能应用有效的机器学习；存储和计算能力能够根据需求动态分配；集成多个独立的、自主运行的作战单元节点能提供统一的分析能力；数据在其源产地捕获和存储，网络只负责查询和响应传输；预定义的数据链接和机器学习自动化可以支持大量作战功能的自动数据分析。可以看出，美国陆军打造的是一个具备高自动化、高性能数据分析理解能力的网络，而为实现这一目标，美军将研究新一代的数据可理解技术。这种技术设想是将现有的以人工为主、需要专业人员的数据分析功能转化为成熟的、预定义代码和参考库的形式，以模块化即插即用的方法来实现数据分析功能。这种模块化的方法应用了适当的检索标签和数据关系，可以简化数据源的连接流程，使数据流中的元素标准化，而预置代码元素的模块化和可移动性也可以支持更有效的机器学习。具体的数据分析策略包括从外部将参考资源链接到数据元素的背景，规范化数据元素，标识数据流中的统计基线和偏差，以及通过自定义的接口展现数据统计结果等。这些核心领域的技术提升将有助于提升和集成美国陆军在作战环境中的分析技术。而全球数据分析工具将为一系列陆军任务和作战提供重要功能，包括通过异常检测提供基于网络的攻击检测、使用不同来源数据和传感器数据对大规模作战计划进行优化和为不同层次的指挥系统提供决策支持等。

（3）未来数据互操作技术预测。现有的数据分析技术依托的前提是数据必须保管在一个系统中进行分析，而未来的全球 mesh 网将由若干个成员节点组成，这些成员节点主要是一些数据形成源。这些节点是动态、可扩展、自包含和独立运行的。某些重要节点在和网络链接中断或是链接速度降低的情况下仍然能够运行一段时间。大部分节点将是永久的数据收集源，负责响应物理地域和军事任务数据收集。若要实现这种环境，就必须在未来的系统架构中增加数据的互操作功能，每个节点都必须在系统协议、数据索引和存储标准、基于角色的用户访问控制方面采取一致的标准配置，确保数据在节点间的畅通无阻。

3）岗位分工、宏观管理

为确保数据战略的实施和推行，美国陆军设立了一系列岗位来推动其具体落实。其中，陆军首席信息官负责战略层次的美国陆军信息管理，建立和预测美国陆军数据管理项目发展规划。在陆军中设立陆军数据委员会，设立首席数据官，作为美国陆军数据委员会主席，负责预测美国陆军数据战略开展和执行前景，管理和支持所有陆军数据项目。美国陆军数据委员会作为美国陆军数据决策最高级别组织，负责制定标准并推行，协调美国陆军所有部门的数据共享；陆军数据委员会作为标准认证和审批机构，负责收集和分发最佳实践和经验；在陆军中的部门任命陆军数据保管专家和功能数据管理员，前者负责明确其所在领域的作战需求和流程，并在首席数据管理官的指导下实施美国政府、陆军和组织内部的数据标准、流程和规范等；而后者负责建立、管理和参与数据协调，两者均需在其各自职权范围内管理和执行陆军数据管理项目、完善信息架构以及向陆军数据委员会提交出现的问题等。陆军网络司令部第二集团军则负责作战信息保护和数据安全，明确和分析陆军全球网络和技术风险。

美国陆军数据战略的核心意图在于以数据优势实现指挥决策优势，这包括两个层面的含义：①数据优势，即作战人员在任何需要的时间、地点，通过任何访问设备都能够及时获取数据。②指挥决策优势，即作战人员在获取高质量数据的基础上，能够将原始的数据转化为有用的信息，做出及时、正确、先发制人的指挥决策。准确的数据将辅助美国陆军更好地实现多域作战。

除此之外，在"联合多域作战"思想的指导下，美国陆军在逐步打通与其他军种的数据关联。例如，2021年1月，美国陆军与美国空军就数据标准的制定问题召开了会议来推进双方的联合作战能力。美军期望各军种能够迅速交换信息，并将任何传感器获得的目标信息传输给最佳的射手，从而更好地进行决策并行动。为此，陆军的"会聚工程"、空军的先进作战管理系统和海军的"压倒计划"必须能够相互传输数据，因此，数据的标准化就显得非常重要。此次会议的一项重要成果是明确了通用数据结构的定义：用于通过接口和服务共享信息的国防部范围内的联合数据环境，支持在所有域、指挥层级和安全等级上发现、理解并与相应的伙伴交换数据。

2.3.3 网络现代化建设

2.3.3.1 网络现代化战略

机动指挥通信网络是美国陆军推动现代化的重要抓手。根据美国陆军2019年年初发布的预算申请文件，未来五年美国陆军将投入84亿多美元进行战场网络现代化改造，其中2020—2023财年的预算比2018财年申请的同期预算增加15亿美元。

2018年2月，美国陆军向白宫和参议院武装部队委员会提交了名为《战术网络现代化战略》的报告，其中表示要精简网络、提高网络可靠性，使网络能够对抗更多威胁；同时，还要提高网络机动性并简化操作流程。

根据网络现代化实施战略，美国陆军正在按照"统一网络、通用操作环境、互操作性、指挥所"这四条任务线开展网络现代化工作。

1. 统一网络

这一任务线的目标是建立可在全球任意环境下无缝运行的融合任务指挥网络。美国陆军希望构建一个统一网络，综合运用战术无线电台和波形、商业蜂窝通信、军用和商用卫星通信及支持网络传输的硬件系统，为指挥官提供多种网络连接选择，并且该网络可以通过路径多样化和动态路由增强网络弹性。

这一任务线的近期主要工作包括建设"敏感但非密"网络、研发空地集成的下一代战术电台。其中期的主要工作包括完成网络、业务和传输的融合；融合网络与电子战能力；实现动态频谱分配和动态网络调整。其远期的主要工作包括波形改进、网络增强/能力扩展等。

这一任务线在美国陆军网络现代化预算申请中占主要部分，充分说明了其重要程度。该任务线下的重点项目包括：

1）综合战术网

"综合战术网"是美国陆军正在实施的新型战术网络的称谓。它不是要取代美国陆军的当前系统，也不是一个独立网络，而是利用一系列现有系统（包括双通道"领导者"电台、小卫星、组网波形及无线电网关等），使营及营以下指挥官和士兵在通信中断、断续、受限环境中仍能实现网络通信，提高信息共享能力。该项目的研发难点在于如何整合新系统并增强当前网络。"综合战术网"的主要构件包括系列电台、无线电网关、用于扩展网络覆盖范围的系留无人机、小口径卫星终端、商用智能手机、4G、Wi-Fi 和相关附属设备。其中，这一系列电台包括但不限于短波电台、Link 16 手持电台、视距/超视距电台、卫星电台、树叶密集环境下使用的电台等。

目前，美国陆军正在对"综合战术网"的有效性、适用性、生存能力进行测试和评估，并在部分部队进行试验性部署，从 2021 年开始以多个"能力集"增量方式陆续装备。在首个"能力集"21（CS21）中，"综合战术网"将引入"敏感但非密"通信架构，使美国陆军士兵能够利用商业蜂窝网络和其他商业技术实现通信。"综合战术网"采用迭代式发展的路径，各种新技术（如低轨卫星、新波形、跨域解决方案和人工智能/机器学习等）逐渐成熟后，可引入其中。

而2021年，有消息称美国陆军预计2027年前采用混合卫星通信架构，允许跨多轨道卫星通信网络和地面无线系统进行数据传输。成熟的混合卫星通信架构的独立和集成可能与综合战术网的能力集27相一致。混合卫星通信架构概念类似于在语音和视频通话以及其他电子通信方式中传输蜂窝数据的方式，蜂窝信号可跨越任意数量的蜂窝提供商网络和基础设施，传输到一个网络，然后跨越其他网络，直到数据到达目的地。在混合方法中，卫星通信数据传输可通过地球同步轨道上的网络发起，然后跳到中地球轨道或低地球轨道上的卫星通信网络上，并可能备份轨道卫星通信链，直至数据传输到达接收器。

2）手持、背负式和小型电台项目

在美国陆军预算申请中，"统一网络"任务线下的大部分资金将用于购买和研发新型手持、背负式和小型电台。2020财年，美国陆军为采购和研发电台设备总共申请了约5亿美元，而在接下来的5年里还申请了大约32亿美元。

手持、背负式和小型电台项目采用可定制、可扩展的软件定义无线电系统，使处于最不利条件下的前沿作战部队可以进行话音和数据通信，为徒步士兵及各种平台提供动中通、驻停通和固定视距或超视距通信能力。近期目标是利用下一代战术电台实现"敏感但非密"组网。

手持、背负式和小型电台项目的手持电台包括单通道"步兵"电台和双通道"领导者"电台。"步兵"电台是一种班级通信系统，属于美国陆军网络最低级通信系统；"领导者"电台用于小队和班、排级通信，其双通道模式可以使指挥官在一个通道受干扰时切换到另一个通道，也可在两个通道上同时执行两种任务。背负式电台用来车载和背负式战术视距/超视距通信，可同时提供两个通道的保密话音和数据通信，支持多种先进组网波形，使较低层网络中的士兵与中层网络的士兵连接。

手持、背负式和小型电台可与单信道地面与机载电台互用，还可通过士兵波形电台实现话音和数据连通，并可通过"移动用户目标系统"（MUOS）的波形为士兵提供全球连通能力。

手持、背负式和小型电台正在装备美国陆军，2019财年采购约9 000部，之后逐年上涨到2023财年的约2万部，2024财年略有回落，将稳定在18万部左右。

3）现役战术网络技术现代化项目

该项目旨在对美国陆军现役战术网络进行现代化改造，主要改进的是战术作战人员信息网WIN-T增量1和增量2版本。该项目计划通过战术网络基线标准化来实现美国陆军网络现代化战略中设定的首个网络"未来状态"目标，即"试运行未来状态2020"；接下来，其再通过技术植入的方式，形成美国陆军需要的网络和电子战弹性，达成战略的中期目标（到2025年）。

该项目的主要工作包括对WIN-T项目采购的已过时的商业技术产品及其他信息技术产品（包括交换机、路由器、服务器等）进行现代化改造和技术更新。美国陆军2020财年的主要工作任务是对14支不同规模的部队（包括军、师和旅战斗队）以及区域中枢节点和战术网络管理系统进行任务网络更新。

WIN-T的建设初衷是打造高质可靠的新一代战术通信骨干网络，使战术互联网从军、师一直延伸至营、连级，形成全域互通、动态运行、宽带传输、灵活升级、高可靠性的多媒体信息网络。该项目采用增量发展模式，分4个阶段。增量1（快速驻停通）能力已于2004—2012年装备美国陆军部队；增量2（初始动中通）能力从2012年10

月开始装备旅级战斗队,截至2017年3月(WIN-T项目停止交付前),已部署至14个旅级战斗队和7个师级司令部。但近年来,随着面临的威胁、作战环境和作战方式的变化,美国陆军需要部队编成更小、能够独立作战且能不断机动的作战单位,美国陆军网络必须灵活、敏捷、可定制,且具有互操作性、易用性、抗毁性、安全性等多种特性。WIN-T在实战应用中暴露出一些问题,如装备可搬移性较差,与部队车辆的集成易出现问题;移动通信能力有限,无法满足部队高机动性作战的需求;在战斗条件下的操作过于复杂;存在较严重的网络安全漏洞,无法在高对抗性环境中生存等。2017年9月,美国陆军停止了对WIN-T项目有争议的系统交付,包括WIN-T增量2项目和其他有缺陷的系统,并重新规划其战术网络现代化项目。

WIN-T项目停止交付后,TITAN便成为其短期内的替代品。该研究最早出现于2017年,旨在为陆军部队战斗车辆应对GPS能力遭遇拒止情况时提供帮助,特别是提供保证的定位、导航与授时功能。

该软件提供战术通信功能、友军跟踪功能和任务指挥功能。TITAN可把位于驻地的指挥官与位于全球各战区的士兵连接起来,使指挥官能够与前方部署的作战部队实现更加有效的全球通信。该软件具备聊天功能,能够发送消息和附件,提交态势报告,并可创建通信组列表。TITAN用户彼此之间也能交谈。依靠现有的蓝军跟踪网络基础设施,TITAN可对士兵位置进行彩色标记,使指挥官能够从一个地点与全球任何地区使用第二代和第三代联合战斗指挥平台(JBC-P)的士兵进行通信,并可为那些尚未列装JBC-P的士兵提供友军跟踪能力。此外,TITAN还能够向一个或多个作战地域(如中东和欧洲)显示一幅通用的作战图,允许位于驻地的或其他层级的指挥官浏览士兵们看到的战场图像,以便改进指挥官的态势感知能力,使其能够从驻地实施任务指挥,更好地指导复杂多变的战场行动。TITAN已在"会聚工程"作战实验中发挥着自己的作用。

2. 通用操作环境

这一任务线是要采用一系列标准和技术，统一任务指挥应用系统，使作战部队能随着条件的变化调整和配置网络。

该任务线主要负责解决当前"烟囱式"任务指挥系统存在的问题，如不易集成、不能提供精确的通用作战图等。其近期目标包括向联合通用作战图过渡、减少软件版本、为部队配备联合战斗指挥平台、向数据中心/云迁移等。中期目标是在整个陆军部署通用操作环境，将既有的任务指挥系统转至通用操作环境。远期目标包括研发自动规划和快节奏数据驱动型决策工具等。美国陆军在2020财年的预算中为该任务线申请了4.25亿美元。资金将分配给三个重点项目：

1）联合战斗指挥所——平台版

联合战斗指挥平台（JBC-P）是美国陆军的新一代车载友军跟踪系统，采用更快的卫星网络、更安全的数据加密算法，具备更先进的后勤能力。这种系统采用触摸屏显示器，界面直观，风格与智能手机和平板电脑相似，可将指挥所能力扩展到作战中心之外，从而让部队都看到完整的作战图，实现任务同步。"联合战斗指挥平台"于2015年5月首次装备，目前正在加速装备。

2）车载计算环境

车载计算环境包括软件和硬件，通过战术电台提供数据服务，在缺少数据的情况下实现所需信息的流动。未来，联合战斗指挥平台中的软件部分将由"车载计算环境"替代。

3）指挥所计算环境

指挥所计算环境基于Web，旨在把美国陆军当前任务系统和程序整合为一个单一的用户界面，向士兵和指挥官提供通用视图，并在火力、情报、空域管理和机动等战场间共享数据、地图和公共服务，实现指挥所的统一化。"指挥所计算环境"于2019年开始装备，它使指挥官能够利用单一工作站获得统一作战图，也让士兵们能通过笔记本电脑、手持设备、车载设备从该系统获取相同的信息。

3. 互操作性

这一任务线的目标是研发可快速相互适应的通用操作标准任务指挥系统，通过网络实现与联军的互联互通。

美国陆军正改进"任务伙伴环境"，包括改变信息共享策略、提高潜在伙伴能力以及通信和信息系统的兼容性，使多国指挥官能更有效地在技术上和作战上交互。

该任务线近期重点研发"敏感但非密"网络、互通网关和电台，以实现"任务伙伴环境"的初始作战能力。中期目标包括实现"任务伙伴环境"完全作战能力；将不连贯的"任务伙伴环境"延伸到战术网络；填补与盟友间的信息交换缺口（数据、消息和波形互用）。长期目标是实现通信、信息系统和信息管理领域、情报侦察、情报融合、数字化火力和后勤支援领域内的互操作性。

4. 指挥所

这一任务线的目标是使美国陆军能够在各种各样的作战行动中部署指挥所，包括从早期介入到重大战斗的各种行动。其近期目标是向重要分队交付箱式房车或篷车；向旅级战斗队提供增强型临时指挥所（包括安全 Wi-Fi 等）；改进平台集成。中期目标包括交付指挥所定向需求能力，研发并交付一体化指挥所，满足捷变性、机动性和防护要求。远期目标包括实现特征管理和提出先进的指挥所机动方案。

这一任务线下的重点项目是"指挥所综合基础设施"，将提供满足远征、抗毁、可扩展需求的指挥所，将信息系统和支持系统集成到与编队相适应的平台（车辆）中，研发移动指挥所并提高其生存性和敏捷性；同时，使指挥官能根据任务定制指挥所配置。

5. 网络现代化的途径

美国陆军认为，传统的需求生成和采办程序阻碍了网络的快速发展和持续更新。美国陆军正在采取"停止、修复、转型"的方式来实现网络现代化目标。

1) 停止不符合当前及未来作战需求的项目

美国陆军将根据对未来威胁、作战环境、作战方式变化的分析，停止不需要或不能满足作战需求的项目，包括 WIN-T 和其他有缺陷的系统，如"未来指挥所"和"中层组网车载电台"系统，并将预算资金分配给更重要的网络现代化项目。

2) 修复可满足当前最关键作战需求的系统

在停止上述项目的同时，针对近期威胁，美国陆军将从整体角度考虑，对能满足当前最关键作战需求的系统和战术网络进行修补，简化网络设备与操作，尤其是将通过增强抗干扰能力和降低电磁信号特征，增强通信弹性，降低网络脆弱性问题。例如，为解决网络脆弱性问题，美国陆军制订出一系列计划，包括"弹性通信方案"、增强"单信道地面与机载无线电系统"波形和"网络中心波形"的抗干扰能力；在降低电磁信号特征和频谱模糊化方面，研发和使用"非传统波形"；在增强通信弹性方面，开展空对地无线电网络试验，改进"奈特勇士"手持式计算系统，装备更多的便携式高带宽地面传输视距无线电和未来的增程对流层散射无线电等。

3) 向更灵活的"调整并购买"采办策略转型

利用"发现并试验"的方法，不断评估适于军用的商业解决方案，然后通过"调整并购买"策略，获得满足特定军用要求的最优方案；同时，修改战术、技术和程序，以充分利用新技术。通过这种方式，美国陆军可以利用非军用商业方案来满足军事需求，从而实现快速技术植入。

2.3.3.2　美国陆军战术数据链体系

战术数据链是武器平台信息化的产物，从狭义上说，它是传输机器可读的特定格式数据的通信链路，可紧密铰链机动/固定作战平台，且其接收和发送终端设备能够理解这些特定格式的数据，并能够完成相关任务；从广义上说，它是在传感器、指挥控制系统和武器平台之间实时传输和处理监视、控制和协同等格式化消息的网络化战术信息系统，是信息化武器装备实现体系作战能力的重要的信息保障系统。

1. 系统现状

自 20 世纪 50 年代开始，美国针对不同作战需求开展了数据链系统研究，目前已构建了较完备的数据链体系，包括指挥控制、宽带情报及武器协同等数据链。

为适应复杂的陆战场环境，美国陆军通过采用通用数据链和发展专用数据链的方式，实现陆战场指挥控制命令、敌我态势、电子战和武器协同等战术信息的传递和使用。其中，美国陆军指挥控制数据链中的通用数据链主要有战术数字信息链路 A（TADIL A）、战术数字信息链路 B（TADIL B）和战术数字信息链路 J（TADIL J）等；专用数据链指美国陆军专用指挥控制数据链，包括陆军 1 号战术数据链（ATDL-1）、可变消息格式（VMF）、增强型定位报告系统（EPLRS）、态势感知数据链（SADL）、自动目标移交系统（ATHS）、改进型数据调制解调器（IDM）和爱国者数字信息链路（PADIL）等。

宽带情报数据链包括公共数据链（CDL）和战术公共数据链（TCDL）。其中，CDL 实现了形式为模块化互操作地/海/面终端（MIST）与战术互操作地面数据链（TIGDL）。

2. 网络架构

美国陆军战术通信与数据链网络的基本架构为：师和师以下战术通信能力主要由美国陆军战术作战人员信息网（WIN-T）与各类通用、专用和宽带数据链综合提供，具体包括以下 4 方面内容。

（1）基础战术信息通联。WIN-T 架构分为 3 层：空间层由各类军事通信卫星和商业通信卫星组成，提供基本的超视距通信手段；空中层提供通信中继，由低空的无人机系统、中空的浮空飞艇与"全球鹰"无人机以及高空的中继飞机构成；地面层由卫星终端与微波系统构成。目前，WIN-T 已实现了为连级以上部队提供行动中指挥通信、任务规划和作战协同等能力，实现了战术语音、图像和视频基于IP、视距与超视距的可靠传输。

（2）联合作战信息通联。TADIL J为军/集团军、师级部队、旅级部队、重要的营级单位与战术中心、重点武器平台提供联合作战中的战术指挥与控制、战术态势感知与分发以及武器协同控制能力。

（3）合成作战信息通联。除防空旅外，陆军其他各旅级单位通过EPLRS和VMF完成对下指挥控制。特别地，航空旅各战斗营内直升机编队之间、直升机与地面侦察车/侦察兵之间利用ATHS/IDM交换目标信息。在防空旅内部，旅指挥所利用TADIL B和ATDL-1与其下属的爱国者营、萨德营和防空战术作战中心交换战术信息；爱国者营利用PADIL与下属连和导弹系统之间交换指挥控制、情报报告、目标和航迹更新等信息，利用EPLRS传输语音和视频等数据，利用TADIL B与其他营级部队进行互连；萨德营通过TADIL B指挥下属连队。防空旅对外采用TADIL B与前沿地域防空指挥、控制和情报系统交换空中态势信息，共同构建前沿防空体系，如爱国者营通过ATDL-1与战区导弹防御作战中心互连，提供近中程防空能力。同时，爱国者营与战区导弹防御作战中心、战术空中作战中心和空中作战中心等军种部队一起构建TADIL A网络，交换空中航迹和告警等信息。

（4）宽带情报信息通联。"护栏"系统为美国陆军提供机载宽带信息处理服务，其地面综合处理设施（IPF）通过CDL与各型"护栏"飞机连接，支持下行高速情报信息传输；配发到各级部队的中小型战术无人机与其地面控制站之间利用TCDL传输控制与情报信息。

3. 前沿地域防空网络

美国陆军前沿地域防空任务由FAADC2I系统统一组织。FAADC2I系统配有TADIL B、TADIL J和EPLRS等数据链，具备多数据链传输能力。利用TADIL J、FAADC2I能够与其他参与该数据链网络的平台（空军预警机、电子侦察机、空中作战中心、战术空中作战中心和防空旅等）交换空情态势信息；利用TADIL B、FAADC2I可从萨德营和爱国者营接收空中目标信息。FAADC2I 将所有获取的空情态势信息进行融合处理与敌我识别后，通过 EPLRS 和 TADIL B 将准确的空中目标信息（航向、速度、高度和位置等数据）提供给防空部队和指挥控制平台，用以扩展战场感知空间，提高打击速度；同时，将敌机/导弹来袭等警报信息和预期命中位置信息通过 EPLRS 网络发送给地面装甲编队等部队，完成战术机动。

4. 旅及旅以下指挥控制

在美国陆军中，进入 21 世纪后，旅及旅以下作战指挥系统（FBCB2）用于完成上级指挥所对下级作战部队的指挥控制。以装甲旅为例。旅指挥所通过 EPLRS/VMF 对其下属的野战炮营、步兵营、装甲营和骑兵营进行指挥。各营和各连同样构建对下的 UHF 指挥网络。排对下指挥采用单信道地面与机载无线电系统（SINCGARS）/VMF 模式进行组网，提供 VHF 指挥网络。侦察兵和侦察车可通过 ATHS/IDM 数据链与直升机交换目标指示信息。全球定位系统（GPS）卫星为旅所属各类地面车辆和单兵提供定位信息与卫星通信能力。车辆与人员侦察或探测到的敌方态势信息与自身定位信息一起通过 SINCGARS 电台向排汇聚，再由排通过 EPLRS 电台向更高级别指挥控制平台上报。尽管带宽有限，装甲旅仍可通过 VMF 构建直达的指挥通路，近似实时掌握态势信息、传递指挥控制命令和数据。

2.3.3.3　美国陆军指挥所计算环境

"指挥所计算环境"（CPCE）是美国陆军"通用操作环境"（COE）的核心组成部分，由通用软件标准和战术服务器基础设施组成，提供集成的、可互操作、网络安全和经济高效的计算基础框架，为作战行动中的指挥所提供支持。

1. 背景

美国陆军的火力、机动、情报和导航等作战职能长期以来采用独立的任务指挥信息系统，各系统使用专用的硬件、软件，拥有不同的用户界面、不兼容的数据模型和地图引擎，这些系统好比一个个"烟囱"，它们之间无法直接协作或互相提供支持，都需通过数字分发服务（DDS）这一中间件实现互操作。但是，DDS在分布式、无连接、时断时续和低带宽（DIL）的高对抗环境下无法满足任务指挥的速度要求。

从本质上讲，任务指挥信息系统的当前结构就像联合国安理会开会时的席位安排。成员坐在桌子旁边，就像任务指挥信息系统的不同组件之间互相连接。在安理会上，成员们可能都会使用各自的母语，依靠其耳机另一端的口译员来传达和组织所有信息。每位成员都声称能够与其他人交谈，但现实是他们只能通过口译员来收听和交谈。对于任务指挥信息系统来说，DDS就是"口译员"。这种解决方案使各任务指挥信息系统之间缺乏互操作能力，也会使各梯队和职能之间存在信息共享障碍，而且还使系统维护、更新、培训和现代化改造的成本呈指数级增长。

为了解决这些问题，2011年，美国陆军发布《通用操作环境（COE）实施计划》，为陆军各种作战环境中的任务指挥系统提供通用的基础，支持不同系统之间的信息共享和互操作。2018年3月，美国陆军制订《任务指挥网络现代化实施计划》，确定了四条行动路径，构建"通用操作环境"是其中之一。"通用操作环境"包含六种计算环境。CPCE是通用操作环境的核心计算环境，也是目前美国陆军开发最成熟的计算环境。

2. 结构组成

CPCE由新的单一战术服务器基础设施和通用软件基线组成，可以为士兵提供核心的指挥所系统，让他们可以在这个系统上整合各种作战职能。

1）硬件基础设施

CPCE的硬件基础设施主要包括战术服务基础设施服务器、智能客户端和 Web 客户端。

战术服务基础设施服务器提供通用基础设施、核心工具、数据模型、数据服务、同步服务（跨系统同步数据）、通用服务（如聊天、语音、身份与访问管理、补丁管理）、战术性数据中心基础设施整合等功能。根据任务需求的不同，美国陆军将提供大型和小型战术服务基础设施服务器。之前陆军拥有 9 个专用于任务指挥的服务器堆栈，每个重达 1 200 磅（544.8 千克），改进后的大型版战术服务基础设施服务器只需要使用 3 个运输箱，重约 357 磅（162.078 千克），初始部署时间需要 2~2.5 小时。与旧服务器相比，大型版服务器还具有更高的计算能力。

小型战术服务基础设施服务器酷似一台笔记本电脑服务器。虽然它不具备大型计算机的计算能力，但可以提供一种连续工作解决方案。小型版战术服务基础设施具有更强的远征能力，可以满足远征部队的基本需求。在部队转移时，小型版本的服务器可支持连续工作，为部队提供一切移动中所需的能力，直至建成战术作战人员信息网。在营级分队，作战人员将配备两台小型笔记本电脑服务器。尽管目前指挥所的计算环境无法将每个系统都集成到战术服务器基础设施中，但它为提供数据、情报、精确度、消息中心、聊天功能、战备情况和资源报告等功能奠定了基础。

智能客户端主要包括商业化硬件（如车载系列计算机系统、笔记本电脑、平板电脑等），使用 Linux 基础与 Android 用户界面的混合操作系统。智能客户端可同步通信，在连接战术服务高建制部队这一层级时更普及。Web 客户端主要使用商用笔记本电脑、Windows 操作系统和标准软件，通过浏览器访问战术服务基础设施服务器上的软件。战术服务器的基础设施也可以充当 Web 客户端，这在低建制部队更为普及。Web 客户端专供指挥所使用，具有可移植性。

2）通用软件基线

美国陆军通过创建通用的软件基线、软件开发套件和接口来开发可互操作的产品,最终呈献给用户的是一张通用作战图,美国陆军基于"SitaWare 司令部"构建了 CPCE 扩展框架,任务指挥信息系统所有作战软件均以 Web 应用程序的形式在用户界面体现。这种共性便于美国陆军集成、整合各种作战系统,简化测试和验证过程,减少重复并简化软件开发过程。

"SitaWare 司令部"是 CPCE 的任务指挥核心软件,为指挥官提供创建和管理高级战略计划、指令和报告工具,从而支持军事决策制定流程。2018 年,"SitaWare 司令部"按照通用软件基线,利用 Web 技术集成了美国科尔工程服务公司(CESI)的行动方案(CoA)分析决策支持工具——"聚焦作战的仿真"(OpSim),在"SitaWare 司令部"界面中以十分直观的 Web 方式构建了一个对用户透明的仿真环境,对仿真结果进行比较并为指挥官选择行动方案提供支持。

在 CPCE 中,解决系统软件不同这一问题的方案是使用通用软件工具将其替代,这不仅为士兵带来了通用的视觉和使用感受,还减少了升级、维护的费用。为了鼓励竞争,CPCE 提供了软件开发套件,使行业和其他第三方能够为标准基线提供新的战术应用。

3. 能力

CPCE 提供集成的、可互操作、网络安全且经济高效的计算基础框架和标准,为作战行动中的指挥所提供支持。

1)在单台工作站上提供通用作战图

CPCE 将涉及火力、后勤保障、情报、保护、行进和机动任务的能力整合到单一、直观的环境中,在单台工作站上提供通用作战图,通用作战图包含可供所有用户共享的通用软件和服务。通过通用作战图及其扩展应用以及通用服务层,可实现陆军的防空、火力支持、机动、情报、空情图、后勤等各种作战职能的互通。

2)通用服务层

CPCE 建立在通用服务层,在"基础设施即服务"上衔接来源,其通过有效利用一体化地图、聊天、消息传递、通用外观和体验、数据服务及其他服务,显著减少了专有系统硬件和软件数量。任务指挥应用程序及核心工具是通用服务层的延伸,负有各种作战职能的所有用户均可使用。CPCE 将使美国陆军能够通过基于 Web 的技术开发并部署可互操作的应用程序。这些应用程序背后的基础设施可在需要时支持联合部队和盟军的互操作。作战指挥官和参谋人员可以通过政府授权的笔记本电脑连接到相应的涉密网络,登录基于 Web 的框架来接入应用,这些应用为指挥官提供了数字化地图的三维视图。

3)与其他计算环境进行互操作

CPCE 还将与"通用计算环境"中另外两个部分——"车载计算环境"和"移动/手持计算环境"进行互操作。为了提高互操作性,项目办公室正在开发行进和机动作战功能,使从军到营的各层级用户在各种计算环境中都能规划和执行作战命令和作战计划。这个功能建立在核心基础设施上,将允许未来指挥所、指挥 Web 网和之前使用的陆军全球指挥控制系统等独立系统进行独立决策。至于其他作战功能,将在后续软件版本中增加。

4)提供内嵌的用户培训手册和视频教程

CPCE 还将提供内嵌的用户培训手册和视频教程,指导用户使用并设定 CPCE 的运行条件。用户先进行通用功能的核心培训,再根据自己的任务和分支接受更具体的培训,从而减轻后勤和培训负担并节约费用。

4. 现状

美国陆军当前的指挥所仍基于客户端-服务器的架构,只能依靠本地设备提供信息,数据在本地存储,通过"发布订阅"功能进行数据分发,系统之间不易共享数据,软件及硬件的复杂性也在不断增加。

美国陆军计划通过由新的单一战术服务器基础设施和通用软件基线组成的 CPCE 基础设施为士兵提供一个核心的指挥所系统,并可以在这个系统上增加额外的作战功能。CPCE 通过软件迭代的方法将作战功能集中到一个系统中,通过硬件整合和现代化解决方案将各种作战系统硬件集成到战术服务基础设施服务器中,并不断通过网络集成评估对 CPCE 组件进行评估,再根据用户反馈对 CPCE 的开发设计进行改进。

像商业软件发布一样,美国陆军通过基线版本更新的形式来体现 CPCE 功能的改进。第一版 CPCE 将未来指挥所、指挥 Web、战术地面报告系统和陆军全球指挥控制系统四个独立的系统集成到指挥所中。

第二版 CPCE 通过跨任务指挥系统和情报系统的公共视图、共享数据、共享地图和公共服务实现了对指挥所的统一;为用户提供了共用作战图的访问权;引入了初始版本的任务式指挥"应用程序",为指挥官提供了更强的态势感知和理解;简化了指挥所服务器的基础设施设置流程。

美国陆军已开始开发第三版 CPCE,其主要工作是融合整个战术空间的信息(如指挥所数据、车下数据和车上数据),从而产生"统一数据"。

"统一数据"技术使美国陆军指挥所更加敏捷,用户仅需进行一次编码,就能获得公共通信连接,不需要对许多单独的作战职能服务器进行配置,简化了在作战系统间共享信息的方式并增强了网络安全性,如可以与未来指挥所共享来自高级野战炮兵数据系统的数据。"统一数据"还有助于实现美国陆军的"任务指挥网"构想,使指挥官能跨领域和地点感知战场。

第三版 CPCE 将提供综合任务指挥能力,在指挥所、平台和各梯队中拥有通用的外观和感知。美国陆军基于能力需求分析和任务式指挥需求的基本能力把统一行动和未来指挥所的各种能力集成到统一的指挥所计算环境中。

当前,CPCE 正在向基于网络的服务转型,连接到服务器的任何工作站都将能访问 Web 客户端环境,可随时登录并查看通用作战图。

例如，在同一张通用地图上既能显示友军和敌军，也可以叠加后勤、情报和火力数据。所有士兵将使用相同的通用聊天软件，无论士兵的军事职业专长如何，他们都将以相同的方式发送聊天消息。美国陆军正向一个系统、一个解决方案、一个指挥所和一套服务器基础设施的目标迈进。

在 2018 年的"网络集成评估"（NIE）18.2 演习中，美国陆军重点对"指挥所计算环境"的初始作战能力进行了评估。按照多域作战概念，NIE18.2 演习设置了严苛的作战条件，包括网络空间、无人空中威胁、电子战、社交媒体等高对抗区域，以反映当前真实存在的威胁。测试部队信息处理任务完成效率；此次演习同时对中继多个网络、网络态势、互操作性和与当前部署陆军系统的向后兼容性等指标进行了测试评估，测试数据和测试部队的反馈结果表明，"指挥所计算环境"达到了初始作战能力要求。此次评估将为未来"指挥所计算环境"的设计和继续完善提供决策信息。

2021 年以后，CPCE 将向基于云的环境转型，未来的目标是实现软件定义网络，能够按需提供带宽，连接到服务器的任何工作站都应该能够访问 Web 客户端环境，可随时登录并查看共用作战图。通过构建安全的、一体化的、基于标准的环境为用户提供不间断的全球访问能力，以保证在所有环境中开展的所有作战阶段实现协同和决策行动。

2.3.3.4　网络电磁与信息战

美军强调要发展指挥、控制和通信网络，提高联合作战部队互操作能力和可靠、灵活、反应迅速的维护能力。

美国陆军在多域战构想中高度强调网络与电磁空间的对抗能力，认为在地面战场实施网络行动是其核心竞争力之一，但其网络和电磁空间能力发展与未来战场需求相比仍较为滞后。《现代化战略概要》提到的网络优先事项中表明，美国陆军必须发展可靠、灵活有弹性的指挥、控制和通信网络，确保在任何作战环境中实现无缝连接，更有效地与联合部队互联互通。近年来，美国陆军相继发布《作战》和《作战过程》等条令，这些条令都将网络战和电子战纳入了美国陆军作战行动，对网络电磁空间作战方式的关系及运用形式提出了新的要求。

1. 理论与条令

网络电磁空间战法规条令作为美国陆军开展相关作战行动的基本准则和重要依据，既是其作战理念的直接体现，也是其能力建设的根本遵循，能够有效反映陆军在能力发展建设等相关领域的顶层规划与主要着眼点。近年来，美国陆军高度重视该领域法规条令建设工作，多次颁布并修订其3-36、3-38系列野战手册及525-15系列陆军条令，不断丰富完善其电子战作战理论。

随着美军转型的不断深入和非传统安全威胁的日益突出，陆军的职能任务、体制结构和武器装备等方面已发生很大的变化，原有的电子战条令已经难以适应陆军部队当前的建设和作战需要，难以为陆军电子战提供全面的发展规划和作战指导。在此背景下，2009年2月25日，美国陆军司令部颁布了新的电子战条令《FM3-36：作战行动中的电子战》。该条令是美国陆军自20世纪90年代初以来修订、颁布的第一部陆军电子战条令，是陆军重建其电子战能力并使之现代化的重要组成部分。该条令就陆军电子战的规划、准备、实施和评估建立了规则，为陆军指挥和参谋人员就电磁频谱如何影响他们的作战，以及如何利用己方的电子作战来获得优势提供了指导。2012年11月，陆军部又颁布了《FM3-36：电子战》条令，对2009年版电子战条令进行了新的修订拓展。美国陆军已经意识到电子战与网络空间的密切关系，并率先将其写入该条令。然而，美国陆军当时的认知仍存在一定局限性，仅仅将网络电磁行动视为支持电子战的一种辅助作战手段。

由于电子战与电磁频谱的关系越来越密切，美国陆军认为，网络空间作战和电子战均依赖电磁频谱作战，强调以网络电磁行动支援电子战，将网络电磁行动视为陆军合成作战行动的一部分，从而跨越网络空间和电磁频谱展开对敌作战。2014 年 2 月 12 日，美国陆军司令部正式发布官方条令《FM3-38：网络电磁行动》，为美国陆军实施网络电磁行动提供了全局性的理论指导与指南，该条令描述了网络空间和电磁频谱对陆军的重要性，并向指挥官和参谋提供了在规划、集成、同步网络电磁行动时可采用的战术与程序。该条令明确界定，网络电磁行动是指为取得、保持并利用在网络空间与电磁频谱中优于对手与敌方的优势、同时拒止并降低对手与敌方利用同一能力，并保护任务指挥系统所采取的行动，包括网络行动、电子战和频谱管理行动。该条令不仅是美军首次以官方形式发布的基于网络空间作战与电子战融合的条令文件，也是美国陆军从电子战向网络电磁行动的首次转型。2017 年 4 月 11 日，美国陆军司令部发布了《FM3-12：网络与电子战作战》条令，这一条令替代了 2014 年 2 月发布的《FM3-38：网络电磁行动》。新版条令为美国陆军在联合地面作战条件下基于网络电磁行动理念执行网络作战与电子战作战行动提供了顶层指导，定义并解释了对美国陆军网络作战与电子战指导机构、角色、关系、职责、能力等的深入理解，以支持陆军独立作战及联合作战。

随着网络电磁行动概念的不断演变，2016 年 2 月 19 日，美国陆军颁布了陆军条例《AR525-15：网络电磁行动的软件再编程》，该条例是对 2010 年 7 月 23 日版《AR525-15：电子战与目标感知系统的软件再编程》的修订，与旧版条例相比，新条例主要在四个方面进行了更新：①修改了条例名称；②扩大了对网络电磁行动的软件再编程的支持范围；③增加了总部司令部、陆军部、指挥部和直接报告部门的职责，从而为电子战再编程任务需求提供支持；④制定了网络电磁行动软件再编程集成和可互操作的实施策略。

美国陆军基于网络战的任务要求，提出了五种作战样式，分别为网络空间防御、网络空间情报监视和侦察、网络战环境准备、网络空间攻击和网络空间安全，同时指出"成功完成网络战任务可能需要多种作战样式相互协同"。网络空间防御是探测和对抗针对国防部信息网络的威胁行动。网络空间情报监视和侦察专注于战术和战役情报，绘制敌方网络空间态势图，支撑网络战计划编制与实施。网络战环境准备要求部队按标准训练，确保军事行动的成功。网络空间攻击是在网络空间内创造直接拒止效果（如削弱、中断或摧毁），在网络空间或物理域内为己方部队提供方便。保持网络空间安全是为防止非法进入、利用或毁坏计算机、电子通信系统和其他包含信息在内的信息技术而采取的行动。

2. 组织机构

美国陆军认为，随着信息技术的迅速发展与作战理念的不断演变，现代电子战与传统电子战相比，在对抗领域、对抗手段、对抗技术、对抗模式、对抗水准等方面均已呈现出重大变化。在此背景下，加快推动网络战与电子战的全面融合将成为制约陆军全维制胜能力的关键环节。为此，美国陆军高度重视对相关组织机构的调整优化，力争进一步理顺其电子战领导管理体制。

2014年3月，美国陆军网络司令部合并原网络作战、信息作战和信号部队的力量，并在原信号卓越中心的基础上整合其他相关专业力量元素，组建美国陆军网络卓越中心，使其具备指导网络、信号和电子战部队训练的全面能力，从而促使网络/电磁行动能力在"条令—组织—训练—资源—领导力和教育—人员—设施"模型基础上获得更高水平的发展。网络司令部下属的网络空间支持机构办公室则明确了其职能为通过作战实验摸索如何编组、加强和协调网络/电磁行动部队，为相关条令、编制和装备等领域的发展积累数据。

2016年5月，美国陆军在陆军部G-3/5/7办公室下成立了新的陆军网络局（Cyber Directorate）。同时，美国陆军还解散了其原有的电子战部（Electronic Warfare Division），并将原电子战部的主要职能全部纳入新成立的陆军网络局中。根据陆军的规划，新的网络局将具备开展网络战、电子战和信息战的一体化作战能力,并在2016年6月形成初始作战能力,同年8月形成全面作战能力。成立网络局是美国陆军加快探索网络战与电子战融合发展路径的重要举措,有助于其打破电子战、网络空间和频谱管理等领域间的固有壁垒,进一步提升电子战力量建设的综合效能。为加速技术向作战能力转化的进程,美国陆军于2016年8月成立了快速能力办公室,以遏制近年来美军出现的能力差距。该机构重点关注技术迅速发展的领域,将使用有针对性的投资来开发战略原型、进行概念评估并发展有限的装备。其主要侧重三个领域:电子战,可靠的定位、导航与授时和网络。

2019年8月21日,美国陆军网络司令部宣布即将整合网络战和电子战力量,成立了信息战司令部。

在战术层面,美国陆军第1装甲旅的演习行动,一般安排40~45名网络作战部队行动人员。其任务类型和范围也很明确:旅参谋机构中安排4~5名网络作战人员,执行旅本级网络防御支援行动;编组4支网络/电磁行动分队。美国陆军也已开始按照其他常规兵种训练模式,对网络士兵要求网击任务;装甲分队中可由2名士兵组成的电子战元素携带装备执行电子攻击任务。网络部队新任职或者从信号、情报和信息作战部队等单位转任旅作战队参岗的军官、准尉和士官须在军事教育机构接受技能训练。

2020年,美国陆军进一步部署新的电子战作战力量,并购置新型电子战装备,希望在一定程度上扭转冷战后美国陆军电子战能力方面的弱势,使美国陆军综合作战能力进一步优化提升。美国陆军情报、电子战、传感器办公室表示,美国陆军对组建的新作战部队进行了重新设计,每个新组建的作战旅都将包含一个电子战排和一个独立的信号情报/网络支援小组。

3. 人才建设

1)设置电子战专业,着眼电子战职业发展道路

早在2006年,美国陆军在对持久自由行动及伊拉克自由行动进

行深刻反省的基础上即已决定要重建其电子战能力。时任美国陆军副参谋长的理查德·科迪上将曾表示："所有层级的电子战人员均须接受分门别类的专业训练，以提升其实战能力和作战技巧。"此后，美国陆军部命令陆军训练与条令司令部专门为所有作战分队、营及营以上部队电子战军官规划训练项目，并负责为电子战专业人员创建一套新的职业领域（Career Field）分类体系。

2009年1月，美国陆军正式将CMF29系列确立为电子战人员职业管理领域的代码，并明确规定CMF29系列共包括五类电子战专业人员：29A电子战军官（29A Electronic Warfare Officer）、290A电子战技师（290A Electronic Warfare Technician）、29E电子战非委任军官（29E Electronic Warfare NCO）、ASI 1J和ASI 1K附加技能培训人员（ASI 1J and 1K），以及25E电磁频谱管理人员（25E Spectrum Manager），这一划分方式基本涵盖了陆军现役、预备役及国民警卫队等不同层级部队在遂行电子攻击、电子防御及电子支援等任务时所需的各类电子战专业人员，为陆军电子战人才培养工作继续向专业化、细致化、体系化方向发展奠定了坚实的基础。

此外，美国国防部近年来在各类军事人才培养工作中还大力提倡职业发展（Career Development）理念，并将其明确界定为："通过有计划、成体系、专业化的教育、训练和使用，综合每个人的能力、需求和天赋，促进和提升个人的潜力以满足机构现实或长远需要以及个人职业目标实现的过程。"在这一理念的指引下，美国陆军也对其电子战人才的培养进行了重新认知，认为对未来电子战专业人员的培养不应仅以提升其履职尽责、遂行任务能力作为唯一着眼点，而应全面强化其综合素养，有效拓宽其发展路径，从而确保不同层级的电子战人才都能够充分体现个人价值并实现其长远的职业发展。根据陆军的规划，未来电子战专业人员的职务变动、军衔晋升不仅与其经验资历、工作实绩等直接挂钩，还与其是否接受过相应的岗位任职训练密切关联，严格正规的教育训练将成为电子战专业人员实现职业发展的重要支撑和必要保障。

2）依托陆军电子战学校，加强电子战专业人才培养

陆军网络卓越中心组建的同时，美国陆军网络学校作为其下属机构也在原电子战学校的基础上成立，美国陆军信号学校也在网络卓越中心的建制下继续保留，并且开始实施诸如军官领导力基础训练课程等训练项目。目前，美国陆军对电子战专业人员的教育训练任务主要由驻西尔堡的陆军网络学校承担，该学校设立在陆军火力卓越中心之内，能够为以往的 CMF29 系列中的 29A 电子战军官、290A 电子战技师、29E 电子战非委任军官以及 ASI 1J 和 ASI 1K 附加技能培训人员提供系统化训练，其专业课程主要包括以下四大类别。

（1）29A 电子战军官资格课程（the Electronic Warfare Officer's Qualification Course）：为期 13 周，授课地点位于陆军火力卓越中心，主要为陆军电子战军官遂行电子战任务、发挥电子战职能提供各类基础性及核心性技能训练，重点教授与陆军及联合作战相关的电子战条令、战术、技术及流程等科目，从而帮助受训人员在各类陆军和联合作战机构中有效开展战役及战术级的电子战步骤协同、任务拟制、计划遂行和网络电磁行动。

（2）290A 电子战技师准尉课程（the Electronic Warfare Technician Warrant Officer Course）：该课程又被细化分为 290A WOBC 电子战技师准尉基础课程（the Electronic Warfare Technician Warrant Officer Basic Course）和 290A WOAC 电子战技师准尉高级课程（the Electronic Warfare Technician Warrant Officer Advanced Course）。其中，290A WOBC 课程为期 15 周，授课地点位于陆军火力卓越中心，主要为陆军电子战低级别准尉提供在陆军各级组织中遂行全谱作战任务所需的各项基础技能训练，重点教授陆军电子战战术、技术及流程等科目，从而帮助受训人员进一步理解电子战在联合作战中的重要作用。290A WOAC 课程为期 8~11 周，授课地点位于美国陆军火力卓越中心，主要为陆军电子战高级别准尉提供联合作战技能培训，从而帮助其在不

同层级的联合作战行动中有效遂行电子战支援任务。此外，根据陆军电子战学校与密苏里州韦伯斯特大学达成的最新合作协议，顺利通过290A WOAC 电子战技师准尉高级课程培训的学员还可用该课程所获的学分转化申请韦伯斯特大学的商业管理、信息技术管理、人力资源管理及管理与领导力四类硕士学位，进一步拓宽了该课程的应用前景。

（3）29E 电子战非委任军官专业人员课程（the Electronic Warfare Specialist Course）：为期9周，授课地点位于陆军火力卓越中心，主要为陆军电子战非委任军官提供在各类陆军及联合作战机构中遂行战术级电子战任务所需的基础技能提供培训，重点教授陆军及联合作战条令、电子战基本原理与技术系统、反遥控简易爆炸装置设备操作与维护以及全谱作战行动中的地面电子战能力协同、整合与评估等内容。

（4）ASI 1J 及 ASI 1K 附加技能培训人员课程：该课程又被细化分为 ASI 1J 附加技能培训陆军战役电子战课程（Army Operational Electronic Warfare Course）和 ASI 1K 附加技能培训反无线电控制简易爆炸装置主操作手课程（CREW Master Gunner Course）。其中，ASI 1J 课程为期6周，授课地点位于陆军火力卓越中心，主要面向将被委任为电子战军官的学员开设，重点教授营及营以上部队开展电子战所需的技能、将电子战融入军事决策的具体流程、电子战战斗序列的分析方法、电子战中的目标选取及效果评估等内容，该课程尤其注重在联合作战环境下开展电磁频谱实战演练的教学模式。ASI 1K 课程为期2周，授课地点位于亚利桑那州瓦丘卡堡的陆军情报卓越中心，主要针对连级部队反无线电控制简易爆炸装置操作人员开设，重点帮助连级部队反无线电控制简易爆炸装置操作人员明确在联合作战环境下开展相关行动的职责、任务与技能。

CMF 29 系列电子战专业人员职业管理领域也将被并入 CMF 17 系列网络专业人员职业管理领域之中。美国陆军希望借此进一步加快推动电子战与网络战的有效融合。

3）试验

美国陆军尝试在重型装甲部队、8×8轮式部队、步兵旅、空中突击部队以及特种部队的战术单位中整合网络/电磁行动力量。尽管网络/电磁行动集成战术依然带有强烈的实验性质，但是在实际加强到作战单位过程中，美国陆军网络作战人员采取相对固定的编组模式。据悉，在美国陆军第1装甲旅的演习行动中，网络作战部队安排40~45名网络/电磁行动人员。其任务类型和范围也得到明确：旅参谋机构中安排4~5名网络作战人员，被合并到网络卓越中心负责旅本级网络防御支援，从而进一步增强网络卓越中心的行动效率；编组4支网络/电磁行动分队，每支队伍都要总结网络部队建设经验教训方面的优势并延续优势。随着网络士兵组成，美国陆军开始按照其他常规兵种训练模式，要求网击任务；由2名士兵组成的电子战元素携带具备"下车作战能力"的装备，实施电子攻击行动。此外，旅作战队参岗的军官、准尉和士官要在军事教育机构接受技能训练。参谋机构中还集成信息、作战计划人员等网络/电磁相关专业。

为了解决美国陆军网络司令部因需要执行联合和国家层面网络任务导致领导力不足的问题，美国陆军特别在主管作战、计划和训练事务副参谋长办公室下开设了一个新型机构，专门负责网络/电磁行动能力开发。此外，美国陆军还把基地化摘训活动探索和实验网络/电磁力量的模式运用在各类兵种部队年度基地化演训活动中，以加强美国陆军部队建设。

4. 能力发展

美国陆军正在通过一系列举措稳步推动信号情报、电子战、网络空间能力融合，以实现未来多域作战。美国陆军倾向于采用精确电子战的方式，寻求更加分散的、低功率干扰方式来实施电子攻击。美国陆军的电子战装备正从单一电子战设备向多平台、多手段、多功能、系统化、网络化、软件化和无人化的综合一体化电子战系统方向发展，"网络电磁一体战"作战能力不断提升。例如，近年来，美国陆军投入大量资金,大力推进综合电子战系统的研制与部署;大力发展战术无人机作为遂行机载电子攻击任务的重要平台等。

2.3.4 机器人、智能与自主系统发展

人工智能技术的飞速发展使机器人、无人装备等自主系统从辅助走向主力,人机配合等成为未来作战的新课题。美军对此高度重视。例如,为指导无人系统技术和作战使用,美国国防部自2007年起就不断发布无人系统综合路线图,包括2007—2032年、2009—2034年、2011—2036年、2013—2038年、2017—2042年等不同版本,逐步将无人系统整合到作战体系,通过加强人机接口、人机编队技术开发,有力支撑人机协同的体系化作战。而对美国陆军来说,《机器人与自主系统战略》和《作战机器人与自主系统支持多域作战》等文件也体现了陆军对人工智能、自主系统等的重视。在顶层战略的指导下,美国陆军在平台体系架构、平台互操作性、协同感知、协同控制等领域开展了大量研究工作。自2005年至今,美国陆军完成了一系列地面和空中有人/无人平台协同试验验证活动。

2.3.4.1 机器人与自主系统战略

2017年3月,美国陆军发布了名为《机器人与自主系统战略》的报告。该报告描述了美国陆军如何将新技术集成到未来部队组织中,以确保自身对越来越强大的对手的优势。机器人与自主系统有助于未来美国陆军部队作为联合部队的组成部分,打败对手、控制地形、保证人员安全、巩固作战成果。未来,美国陆军部队将利用机器人与自主系统能力进行多域作战行动,从地面向海上、太空和网络空间领域投放兵力,以保持联合部队的机动性与行动自由。

1. 报告背景

该报告认为,机器人与自主系统对于确保机动自由、完成任务、

减少士兵可能遭遇的风险越来越重要，各种机器人与自主系统已经实现开发和部署。美国陆军意识到，必须尽快寻求机器人与自主系统能力并有效集成，以提高美国陆军部队的能力，保持对敌优势，应对未来挑战。随着计算机的推理能力和学习能力的发展，人工智能将在机器人与自主系统的开发中发挥关键作用。人工智能将提高机器人与自主系统在执行任务时的独立工作能力，通过分析和管理大量数据以简化人类决策，可以操纵机器人执行许多原本无法承担的任务。同时，美国陆军还认为，商用无人系统技术发展迅速，应充分利用商业技术发展推进无人系统进步。

2. 主要内容

该报告主要包括三部分内容：①分析了机器人与自主系统的五大能力目标；②阐述了美国陆军机器人与自主系统战略的近期、中期和远期的目标及优先事项；③描述了美国陆军所面临的作战挑战，以及利用机器人与自主系统解决问题的方案。

1）机器人与自主系统的五大能力目标

机器人与自主系统将成为美国陆军士兵和部队击败强大对手的助力，并在五大能力目标方面保持美国陆军的优势：增强态势感知能力；减轻士兵生理和认知负担；通过增加分配、吞吐量和效率支持部队；促进运动与机动；保护部队。

（1）增强态势感知能力。复杂的地形和对手的对抗措施限制了营及营以下士兵的观察和作战能力。机器人与自主系统能在广泛的地区进行持续的监视和侦察，能够进入有人系统无法到达的地方，从而增加指挥官的安全距离并提高其生存能力，留出更多的响应时间。

（2）减轻士兵生理和认知负担。越来越多的装备消耗了士兵的毅力和耐力。自主系统能减轻士兵负担并提高士兵的速度、机动性、耐力和效能。同时，大量的信息负担影响了领导人员做出决定的能力和速度。机器人与自主系统能通过收集、组织和筛选数据促进任务指挥和决策，并在提高战术机动性的同时降低网络、电子和物理信号的影响。

（3）通过增加分配、吞吐量和效率支持部队。美国陆军的后勤分配为资源密集型，在补给线末端的士兵和部队会很脆弱。空中和地面无人系统以及基于自主的能力可增强每个阶段后勤补给的运输能力，为最前沿的战术补给点提供补给。机器人与自主系统可将物资运输到最急需的需求点，并为美国陆军进行后勤分配提供了更多选择。

（4）促进运动与机动。在21世纪，美国陆军联合武装机动需要战备良好的地面作战部队能够在各个领域、在生理和认知上战胜对手。通过可靠的前沿存在和弹性战斗编队，未来地面部队可集成和同步联合组织间和跨国能力，在多个领域建立临时优势；抓住、保持并利用主动性；实现军事目标。"反介入/区域拒止"系统能使未来对手在更远距离更早打击美国陆军部队。此外，对手将寻求在道路上设置障碍，威胁美国陆军的运动与机动。美国陆军部队可以利用机器人与自主系统扩大行动区域纵深，以应对敌方行动。机器人与自主系统扩大了美国陆军部队能够利用的时间和空间，提高了美国陆军克服障碍的能力。

（5）保护部队。竞争和有争议的未来作战环境增加了士兵暴露在危险情况下的可能性。机器人与自主系统技术可提供与敌方编队、火箭弹、炮弹和迫击炮弹间更大的安全距离，同时能在护卫行动期间避免将士兵置于危险中，提高士兵生存力。

美国陆军认为，自主性、人工智能、通用控制三项技术对于快速和高效费比地实现机器人与自主系统能力的目标至关重要。机器人可自主执行枯燥、脏乱且危险的任务，自主能力的增强可减少控制机器人的士兵数量。高水平的自主性将允许机器人与自主系统更长时间地执行作战纵深更大的高风险任务，并使士兵专注于执行作战任务。人工智能的进步使得机器人可以执行许多原本无法完成的任务。随着计算机推理和学习能力的发展，人工智能将在机器人与自主系统的开发中发挥关键作用。通用控制是指利用通用软件控制大量地面和空中系统的能力，有助于最大限度地管理多样化的机器人与自主系统。控制并允许一名士兵通过一个控制器控制多个机器人，可以减少士兵操作机器人的生理和认知负担。

2) 近期、中期和远期目标

该战略具体阐述了机器人与自主系统近期（2017—2020年）的实际目标（近期阶段）、中期（2021—2030年）的可行目标（中期阶段）和远期（2031—2040年）的远见目标（远期阶段）。

(1) 近期阶段。利用小型无人系统更强的耐久力、障碍感知-规避、自主性增强态势感知能力，利用不同尺寸和任务配置的地面机器人与自主系统平台减轻士兵负担，借助计算/人工智能和情报分析减轻认知负担，通过自动化地面补给改善保障，通过提高道路清理能力促进机动，利用排爆机器人与自主系统和有效载荷的改进保护部队。近期阶段的投资主要集中在自主技术研发方面，该技术通过把自主系统集成到联合武装机动中，改变美国陆军作战方式。

(2) 中期阶段。利用先进小型机器人与自主系统和"蜂群"提高态势感知，利用外骨骼减轻负担，运用全自主护卫行动提高保障能力，利用无人战车和先进有效载荷提高机动性。在中期阶段，美国陆军继续研究自主性、机器学习、人工智能、电力管理和通用控制，并以此来获得能力更强的地面无人系统和空中无人系统。

(3) 远期阶段。美国陆军向作战区域投送由多个小型机器人组成的"蜂群"增强态势感知，利用自主空中货物运输提高保障能力，借助无人战车的发展提高机动。在高节奏分布式作战期间，指挥官能够利用机器人与自主系统保持主动性。可快速部署的机器人与自主系统能够连接任务指挥系统，便于行动中的任务指挥，在初始进入之后快速转换为进攻行动。

3) 美国陆军作战挑战及机器人与自主系统的应用方案

(1) 态势感知：在复杂环境中应对确定的、自适应敌方组织时，如何形成和维持高度态势感知。机器人与自主系统通过侦察并绘制地下与水环境地图，收集和处理原始数据获取情报（如潜在对手位置标识符的可视化），提高复杂环境中的态势感知。

（2）实施太空和网络电磁作战和维护通信：当在有争议的、拥挤的、竞争的作战环境中作战时，如何通过多域架构保证不间断访问重要通信和信息链接（如卫星通信、定位、导航与授时，以及情报、监视和侦察）。机器人与自主系统将提供无人机和地面通信中继，并支持不间断访问重要数据链路。

（3）实施空地侦察和安全作战：如何实施有效空地联合武装侦察与安全作战，以快速形成与敌方和平民近距离接触局势。机器人与自主系统将提供无人系统的持续监视和侦察能力，允许部队在更大范围内进行更长时间的安全作战；同时，让士兵专注完成其他任务。

（4）实施联合远征机动和进入作战：如何规划部队实施强制初期进入并快速过渡到进攻作战，以确保获得和掌握主动权。配装任务载荷和武器的地面无人系统和空中无人系统将进行侦察，并通过综合网络传输威胁探测、队列和图像信息。在机动部队中使用的无人系统应向机动性更好、可空运的方向发展，以确保更高的远征机动能力。

（5）实施广域安全与联合兵种演习：如何确立并维护广域安全，以保护部队、人口、基础设施和必要活动，从而创建安全环境、巩固成果和设置实现政策目标的条件；如何实施联合兵种空地演习，以在复杂的作战环境中击败敌方并完成任务。机器人与自主系统将通过持续侦察、探测、诊断、鉴别、摧毁和提供安全能力，为部队提供防护。机器人与自主系统将为增强友军行动自由、塑造地形和控制敌方机动的军事行动提供支持。

（6）设置战区、保障行动和运动自由：如何设置战区才能为联合部队提供战略灵活性，并在严峻环境中的持续高节奏作战期间保持运动和行动自由。自主地面和空中系统可增加支援作战能力，相关传感器、计算机和决策支持工具负责协助导航、路线选择、车辆控制和车辆管理。自主空中无人系统的补给能力可以减少部队对人员的需求。

（7）跨域作战：如何使用跨域作战击败敌方并在全谱军事行动中保持行动自由。通过使用下一代传感器和武器，机器人与自主系统实现了用于多种射击应用的目标数据的实时集成与优化。机器人与自主系统将来自太空和地下的本国与多国所有节点传感器的数据进行融合，实现目标数据的实时集成与优化。机器人与自主系统将赋予部队准确机动、快速跟踪、击败目标的能力和协调能力。

（8）执行任务命令：如何理解、想象、描述和指示与任务命令相一致的行动，以在对敌战斗中获得主动权，并在全谱军事行动中完成任务。机器人与自主系统将通过收集、组织和筛选大量数据以帮助决策。机器人与自主系统也将提高指挥所战术机动性；同时，还将减少网络、电子和物理特征。

3. 影响

机器人和自主系统能够提升美国陆军的能力，并保持至 2025 年及以后，从而保持对未来对手的优势。依照美国国防部无人系统综合路线图规划，未来集成机器人的美国陆军的设想为"一支经济可承受的现代化部队，是有人-无人编队，增强在移动、机动、防护、情报和保障方面的能力"。美国陆军正在下一代战车项目下开发机器人战车，寻求有人-无人协同作战。有人-无人协同作战将为有人战车提供更远的感知和打击能力。

随着战场上机器人与自主系统的增加，机器人将集成到所有编队和作战任务中。美国陆军部队利用机器人与自主系统来提高作战有效性并在联合兵种作战中保持对敌优势。对于侦察与安全、城区作战、乘车进攻和自主补给等行动，机器人与自主系统将提高从班到旅所有梯队的能力，将能够应对美国陆军在当前及未来面临的态势感知、太空和网络电磁作战、维护通信、空地侦察和安全作战、联合远征机动和进入作战、跨域作战等方面的挑战。

2.3.4.2 作战机器人与自主系统支持多域作战

为了进一步明确机器人与自主系统以及人工智能对于未来联合部队实现多域作战的必要性,美国陆军训练和条令司令部能力开发与集成局、联合探索科学顾问组的专家合作,将多域作战和战役连续体(竞争、武装冲突和返回竞争)作为使用 2030 机器人与自主系统的背景。美国陆军能力集成中心未来作战部门于 2018 年 11 月发布了《作战机器人与自主系统支持多域作战》白皮书。该白皮书重点描述陆军在整个多域作战框架中使用机器人与自主系统的方式,以使陆军更好地了解这些技术对战争性质和能力的潜在影响。与同年 12 月发布的《多域作战 2028》白皮书相比,该白皮书重点关注机器人与自主系统和人工智能。

1. 采用机器人与自主系统实现多域作战

为了更好地阐述机器人与自主系统对多域作战原则和各个多域作战区域带来的影响,先说明一下目前美国陆军对多域区域的划分。与传统的纵深机动、近距离和后方作战区域划分不同,美国陆军将多域作战空间扩展到太空、网络空间,以及电磁频谱和信息环境,并将它们划分为纵深火力区、纵深机动区、近战和战术支援区、作战支援区和战略支援区五个区域,以更好地展现多域作战环境的复杂性。

陆军作为未来联合部队的一部分,在武装冲突中将利用机器人与自主系统在不同作战区域作战、对抗并击败竞争对手。机器人与自主系统及人工智能的利用将大幅提升各个作战区域的作战效率;同时,还可以提高人员的生存力。

1)纵深火力区

纵深火力区包括作战纵深火力区与战略纵深火力区,超出了传统(地面)部队的行动范围。在武力竞争、武装冲突和返回武力竞争期间,旅级以上单位采用机器人与自主系统来支持弹性网络,进行广域持续监视,并优化纵深火力区作战支持的任务指挥与决策制定。

旅级以上单位、联合和跨部门资产除了能够利用网络化机器人与自主系统建立通用作战图，在所有域中创建一个多频谱传感器，探测敌方远程火力、防空系统、雷达以及指挥和控制节点/网络，还可以成为进攻性网络作战的潜在网络注入点。

军事情报编队（战区、空中情报和远征军事情报旅）可以通过使用高度分散、低成本和可消耗的无人传感器在纵深火力区提供持续监视，这些传感器平常处于休眠状态，直到被特定的威胁信号、事件或活动触发。机器人与自主系统都采用人工智能程序，用于克服时间和海量数据的挑战，以及时、准确地提供预测的相关情报，支持作战和任务指挥。

2）纵深机动区

纵深机动区是一个竞争激烈的区域，需要强大的多域能力支持来进行地面和海上机动。在武力竞争、武装冲突和返回武力竞争期间，利用空中、地面和人类辅助机器人，以及自主系统、人工智能进行决策，支持作战。

特种部队主要是用士兵增强系统作为外部承重骨骼，提高单兵携带设备的能力。外部承重骨骼可通过人体运动进行控制，还可通过集成在外部承重骨骼中或操作者佩戴的控制台进行控制，通过降低重新补给的需求提高特种作战部队和常规部队的效率。

在武力竞争和武装冲突期间，机动支援编队采用空中、地面和人类辅助机器人与自主系统技术，提供危险爆炸物的早期预警、隐蔽和破坏能力，以及改进纵深机动区域作战部队的机动性。在这种情况下，编队将使用无人地面车辆机器人与自主系统进行爆炸物探测和打击任务以进入拒止区域。在武装冲突和返回武力竞争期间，前方部署的部队将使用空中或炮兵布设的机器人雷区来锁定、打击和击败关键的敌方能力，自主移动性、有限的人工智能和传感器网络将增强机器人雷区的杀伤力。

在作战和返回战场期间，从战略支援区到纵深机动区，可以采用机器人与自主系统对化学、生物、放射和核指标进行探测，该探测系统可提升部队的可持续性和持久性；减少暴露于化学、生物、放射和核威胁的人员数量；提高警告的及时性等。

3) 近战区和战术支援区

近战区是编队、部队和系统即将进行身体接触的地方，通常包括陆地、海岸线和所在地区空域。战术支援区直接支持近战区、纵深机动区和纵深火力区的作战行动，包括维持、火力、机动支援和任务指挥。

（1）旅级以上的机动编队采用空中、地面和人类辅助机器人与自主系统执行侦察、瞄准和通信任务，提高数据积累和处理能力，为指挥官提供态势感知信息，降低认知负荷，并协助任务规划。机器人与自主系统可以近乎实时地快速绘制城市地形图。此外，利用机器人与自主系统，特种部队还可以减少上级对下级直接下达命令的次数。

（2）ISR传感器可分别部署于战场上的有人和无人系统上，也可独立部署，它们将产生大量数据。人工智能将对数据进行处理、使用并传播，帮助数据分析员实现快速决策。

（3）在战斗旅及以下级别中，装甲、步兵、"斯特赖克"旅和特种部队采用空中、地面、人类辅助机器人与自主系统执行侦察、瞄准和通信任务，作为有人/无人编队，以提高近战区的效率；工兵以及化学、生物、放射和核编队采用空中、地面和人类辅助机器人与自主系统执行侦察、移动和反移动等任务，有人/无人编队将同步执行机动支援任务，以提高战斗旅的整体效率；机动增强旅、化学旅、工程旅和宪兵旅编队采用空中、地面和人类辅助机器人与自主系统在战术支援区进行综合安保行动。

（4）在返回武力竞争期间，机动支援编队在通信线路沿线和返回人口居住、工作的地区里，使用机器人与自主系统探测并清除未爆弹药、地雷和简易爆炸装置。此外，空中、地面和人工辅助机器人与自主系统在后勤支援、医疗救助等方面也发挥着重要的作用，提高了作战编队的生存能力。

4）作战支援区

作战支援区包括关键的联合部队任务指挥、维持和火力/打击能力，并作为主要的友好政治/军事一体化空间。敌军将在该地区进行侦察、信息战和火力瞄准。在武装冲突期间，该地区将需要相当强大的多域能力来保持优势。

机动支援和医疗旅采用地面机器人与自主系统来进行自动化建造、维修与维护等工程任务。其具体任务包括清除障碍物、使用现场材料（如碎片与土壤等）建造、维修和维护基础设施。利用机动支援机器人与自主系统在前方建造大型建筑，使用轻型和重型机器人平台升吊、运输设备和材料，扩大了工兵的能力和可能性，减少了所需人员的数量、后勤支持需求和暴露于危险的时间。此外，医疗旅和作战支援医院还采用地面和人类辅助机器人与自主系统来完成医疗维持与运输任务。医疗机器人与自主系统可通过提高操作效率和操作耐力并使用远程外科专业知识来减少现场医疗差错，提高患者的生存能力。

5）战略支援区

多域作战概念将战略支援区定义为跨作战指挥协调、战略海上和空中通信线路以及国土区。最友好的核、空间和网络能力位于并受控于战略支援区。在武装冲突期间，敌人将集中扰乱和降低战略支援区的部署。

在战斗旅及以下级别中，机动增强旅、工程旅、化学旅和宪兵旅采用空中、地面和人类辅助机器人与自主系统执行民政当局国防支援、建造支援、通用工程和地理空间工程任务。这些机器人与自主系统分为两大类：升吊与运输系统，检测化学、生物、放射、核、有毒工业化学品和材料的系统。

2. 机器人与自主系统对多域作战能力的影响

白皮书上半部分主要描述了陆军如何在整个多域作战框架中使用机器人与自主系统以及人工智能，下半部分主要就机器人与自主系统以及人工智能对作战能力的影响进行了阐述。美国陆军训练和条令司令部第71~20条将作战能力定义为执行特定行动方案的能力。而这些能力中最重要的是任务指挥、维持和组织设计。

采用机器人与自主系统以及人工智能将大幅增加指挥控制的复杂度，迫切需要新方法实现多平台管理和数据共享。陆军将任务指挥作战能力定义为开发和整合行动的任务和系统，能够使指挥官平衡指挥艺术和控制科学，以便整合其他作战功能。机器人与自主系统以及人工智能的引入将影响指挥官和参谋的任务以及整个任务指挥系统。在多域作战中使用无人系统将大幅增加指挥控制的复杂度，因此，作战编队需要一种新的指挥控制方法，如调整目前的规划程序，以适应无人和自主系统。该程序还必须确定控制措施以管理自主系统、无人集群、网状传感器以及为有人/无人系统清理空域和火力。同时，人工智能决策技术需要解释给出的建议。

未来战场将更多地依赖人工智能实现的自主平台，而无人平台数量的增加，对通信和网络带宽的要求也越来越高。未来，军队需要通过安全、自主、能够自我修复和智能的网络，在超视距情况下进行战术、作战和战略通信以及数据共享。美国国防预先研究计划局在拒止环境下协作作战项目中试图解决通信拒止环境中的连接问题。此项目使用了可以在通信受限环境中工作的低带宽网络，而该网络对于未来军队使用机器人与自主系统必不可少。未来，军队还需要使用人工智能来收集、评估、分析和融合数据，并迅速自主地将信息发送给司令部或相关系统，虽然机载人工智能传感器数据处理足以支撑平台或小型任务，但是在高速作战期间的多域作战能力融合需要来自平台或系统以外的人工智能数据融合。这些额外的平台或系统负责在ISR功能下分配、收集和利用数据和信息。在多域作战能力融合期间，ISR功能的数据不能用于单一目的，必须与指挥控制、火力平台和系统以及各个领域之间跨功能共享数据。

美国陆军要求人工智能在ISR、指挥控制和火力三个功能之间实现及时、有效的数据和信息共享，特别是在复杂、有限的带宽网络以及联合、组织间和跨国合作网络间。

采用机器人与自主系统，以及人工智能将大幅提高补给效率，从而提供精准的后勤服务。陆军将维持定义为提供维持作战所需的后勤、人员服务与健康服务支持，直至成功完成任务。机器人与自主系统可提高向最近部队重新补给的效率，如果前哨阵地可以使用机器人与自主系统，那么可通过减少提供后勤力量的人数来提高部队的保护力。

机器人与自主系统以及人工智能将实现精准的后勤。人工智能代理、算法和平台传感器将提供预测分析工具，允许在很少或没有人为干预的情况下重新补给。人工智能系统将根据指挥官意图的优先顺序，使其在没有请求且有需求时，可以进行重新补给。

战术作战将需要人工智能自主平台以最少的人为干预进行作战。自动重装和加油都是复杂的程序，但使用机器人与自主系统执行这些任务将提高士兵安全性、减少培训要求并减少重装时间。

采用机器人与自主系统以及人工智能将增加设备维护和人员培训需求，因此需要寻求重构组织设计。美国陆军开发人员根据执行特定任务的要求以及执行这些任务所需的相关功能和能力来设计（或重新设计）部队。机器人与自主系统以及人工智能对组织设计的影响分为三大类：①任务过载。机器人与自主系统以及人工智能的广泛使用显著增加了作战人员指挥控制的复杂性，陆军将为作战人员确定新的任务并修改旧任务。这需要对作战组成和各自的责任进行检验。使用机器人与自主系统以及人工智能产生的信息量、信息性质变化和信息类型会影响陆军对未来领导者和士兵在技能和属性上的要求。②技术作战与维护。使用大量的机器人与自主系统，以及人工智能需要技术熟练的维护人员，需要通过学习和培训人员来解决机器人与自主系统以及人工智能系统的运行和维护问题。新兴机器人与自主系统中的机器、处理器和计算系统更需要技术熟练的维护人员。③人员。机器人与自主系统的使用将使作战区的人员数量增加，继续将机器人与自主系统部署到编队中会增加其任务指挥和维持的复杂性。随着人工智能和自主技术的成熟，对控制平台及其人员数量的需求可能会减少；同时，会进一步提高效率。机器人和自主系统以及人工智能将产生新的培训要求。陆军必须建立一套现实、虚拟和建设性的培训手段，以便领导者和士兵做好充分准备并有效地使用这些系统。

美国陆军发布的《作战机器人与自主系统支持多域作战》白皮书在分析未来联合部队多域作战环境的基础上，对陆军未来作战提出构想，认为机器人与自主系统（特别是人工智能）可以为联合部队带来跨域战胜对手的能力。

2.3.4.3 小型无人机系统战略

2020年9月，美国陆军未来司令部发布了名为《小型无人机系统战略》的报告，其中明确指出将当前和新兴小型无人机系统纳入未来的美国陆军编队，以在多域、近距离作战中有效实施跨域机动作战，确保在"均势对手"面前具有强大的作战能力优势。该报告提出了美国陆军小型无人机系统在近期（2020—2023年）、中期（2024—2028年）和远期（2029—2035年）三个阶段发展部署的目标、途径和方法，以提高旅战斗队建制机动作战能力。

1. 发布背景

美国认为，美军在未来的冲突中保持长期以来的战术优势面临着诸多挑战，不能仅仅依靠传统常规战术、武器装备，小型无人机系统将是美国陆军未来获得战场优势的关键装备。小型无人机系统可为美国陆军实施多域作战提供必需的更强的态势感知能力和弹性作战能力，还可作为营及营以下分队的预警装备，增强对更远距离潜在威胁的探测能力，并能协助预测对手的后续行动。因此，美国陆军制定该战略的意图是为各层级部队提供小型无人机系统，支持美国陆军愿景和多域作战能力建设，助力美国陆军形成决定性优势。尤其是在美国陆军营及营以下级别部队部署小型无人机系统将提高美国陆军领导和部队态势感知能力，提供战术优势，降低士兵风险，从而实现跨域机动作战。

2. 主要内容

该报告主要有四部分内容，探讨了小型无人机系统作战运用，概括了实施小型无人机系统战略的目标、途径和方式，提出了2035年前的小型无人机系统战略发展目标，并分析了实施小型无人机系统战略面临的诸多挑战。

1) 小型无人机系统作战运用

小型无人机系统具有尺寸小、重量轻、成本低的特点，可供营及其所属机动作战、机动作战支援和机动作战勤务与保障分队用于侦察和其他作战行动中，执行信息搜集任务。小型无人机系统本身即为跨域作战平台，遂行侦察监视任务，为士兵提供超视距战场态势感知能力。未来小型无人机系统将增加开放式载荷架构，提高各层级态势感知、杀伤力和防护能力。另外，小型无人机系统还提高了不同层级实施跨域机动、半独立作战、侦察监视集成和指挥控制的作战能力。

2) 实施小型无人机系统战略的目标、途径和方式

（1）目标。机动作战编队跨层级使用小型无人机系统，能显著提升战斗效能，从而在跨域机动作战中，获得并维持面对强大对手的优势。

（2）途径。美国陆军已经批准了所有营/骑兵中队层级的小型无人机系统需求文件，即士兵携带传感器和背包便携式无人机系统能力生产文件。

（3）方式。美国陆军正在为班、排、连和营级分队采购小型无人机系统。

3) 小型无人机系统战略发展目标

（1）近期（2020—2023年），根据已批准的背包便携式无人机和士兵携带传感器的能力生成文件，美国陆军将继续当前投资、采购和

列装小型无人机系统的工作，同时还将优先开发可进行增量式改进的小型无人机系统。

（2）中期（2024—2028年），将重点改进士兵携带传感器、近程侦察、中程侦察和远程侦察项目下的小型无人机系统，为作战人员提供集成先进技术的能力。

（3）远期（2029—2035年），美国陆军将全面开发和集成新兴技术，推动小型无人机系统现代化，无缝促进跨域机动，以支持全功能多域作战部队。工作重点将转向通用机器人控制器、小分队机动作战用机器人与人工智能技术。

4）实施小型无人机系统战略面临诸多挑战

在执行小型无人机系统战略的过程中，美国陆军将面临网络容量、技术、政策、系统成本、训练与人力和安全方面的诸多挑战。

（1）网络容量。所需网络容量与小型无人机系统自主级别成反比例关系。系统自主性越强，传感器处理人工智能信息的能力就越强，指挥与控制所占用的网络带宽就越少。

（2）技术。商业领域正在推动平台开发与自主化，但美国陆军的作战环境与商业环境不同，所面临的挑战包括网络竞争环境、欺骗、干扰，以及密集、杂乱的非结构化环境。

（3）美国陆军、国防部及美国政府政策。《武器系统中的自主性》（国防部指令3000.09）对具有杀伤能力的小型无人机系统带来了很多政策性挑战。

（4）系统成本。更多的能力会导致小型无人机系统的成本迅速增加。需长期积极部署更小、更轻、耐用、可消耗性小型无人机系统。

（5）训练与人力。小型无人机系统作为新能力，增加了额外的人力、重量、动力和认知负担。

（6）安全。自主性、人工智能技术与小型无人机系统（尤其是察打一体无人机）相结合，需要制定新的安全流程。

3. 影响分析

从近几场局部战争和军事冲突方面看，无人机系统已经呈现出了高效费比和空地一体化联合运用的新特点，并作为通用弹药载体、侦察和通信中继平台构建新型杀伤链，形成了非对称性打击能力和饱和攻击能力，改变了过去由地面战和传统空中力量主导的战场态势。在此背景下，美国陆军提出了小型无人机系统"增强全域态势感知能力""降低士兵身体和认知工作负荷""增加供应、生产量和效率来保障部队""促进跨域火力与机动作战""部队防护"五大关键目标，由此弥补旅战斗队当前在跨域机动作战、战场超视距态势感知、跨域持续诸兵种合成、空地侦察监视等行动中的作战能力缺陷，在未来战争中提供非对称作战优势。小型无人机系统既可空域独立作战，又可与陆上有人和无人车辆跨域协同作战，还可与无人车辆组成无人集群，在未来城市作战中实施集群作战。将小型无人机系统作为前沿作战的第一道防线，通过陆、空、网络等多域协同降低对手作战能力，掌握 600 米以下制空权，是美国陆军争取非对称作战优势的重要举措。

但在当前国外大力发展反无人机技术的背景下，小型无人机系统的使用却面临着诸多的挑战，尤其是在制电磁权、制空权争夺环境中，小型无人机系统在使用方面存在重大安全风险。为此，美军也提出要提高在陆、空和网络域中运用小型无人机系统并对抗敌方无人机系统的能力，一方面，确保小型无人机系统能够有效抵抗网络和电子战攻击，能够在 GPS 拒止的环境下安全执行任务；另一方面，也能够在复杂电磁环境中有效抵御对方小型无人机系统，这种攻防兼备、均衡发展的思路值得借鉴。

2.3.4.4 机器人增强士兵防护概念

2019 年年初，美国陆军研究实验室发布了名为《机器人系统与自主平台：材料与制造进展》的报告，其中颇具创新性地提出"机器人增强士兵防护"概念。该概念将材料与机器人技术结合起来,有望颠覆传统防护材料使用方式,扩大防护材料选用范围,从而有效提高士兵的防护能力。

该报告认为,随着高速子弹、更具杀伤力的武器、精确武器的多次打击、非侵彻性弹道冲击以及杀手机器人等未来新兴威胁的快速发展,仅仅依靠传统防弹衣保护士兵安全的有效性将逐步降低。考察防护材料的评估指标,其中较为重要的一个是阻挡冲击时产生的变形程度,若材料背面变形超过44毫米,即不适合作为直接穿戴的防护材料,即使冲击未侵彻皮肤,如此大的变形也可能导致严重伤害甚至致命。但是,若防护材料在离人体一定距离处,则可降低对材料的要求,允许其产生更大背面变形。机器人提供了将防护材料放置在距离士兵较远位置的可能性,为作战人员的防护策略开辟了新途径。

由此,美国陆军研究实验室提出"机器人增强士兵防护"概念的目的就是将分散的机器人平台、防护材料与士兵组合,通过当前发展中的可重构机器人群组概念,创造出可重构、模块化的机器人系统,将众多单个机器人构建形成复杂结构,并能够随意改变组合后的结构形状,构建自适应防护系统,在恶劣战场环境下保护士兵安全。在该概念中,机器人群组与士兵保持一定安全距离,并部署防护材料,能有效提升士兵的防护能力。"机器人增强士兵防护"概念还为地面自主机器人开创了多种用途,包括运输装备与物资以减轻士兵负担、主动态势感知、自主部署弹道防护措施等。

另外,美国陆军还演示了"机器人增强士兵防护"概念的典型部署运用方式。①利用无人机或机器人部署装甲防护材料:携带芳纶织物防护材料的无人机蜂群,在需要时可弹出芳纶织物组成大面积防护毯,有效掩护遂行危险任务的士兵;便携式履带机器人群组可视情部署刚性复合材料防护罩,为士兵提供额外防护。②利用自主全地形车部署防护盾:全地形车加挂装备防护盾的拖车,可在需要时部署防护盾。由这种全地形车构成的车辆群组,可自主规划最优撤离路径,提升弹道防护能力。

相关验证实验表明,"机器人增强士兵防护"概念融合了人类、机器人和材料,能够扩大防护材料选用范围,有效提升士兵生存力。

机器人平台能够将传统防弹衣无法使用的材料用于防护。例如:①聚酯纤维材料可以阻止速度为 419 米/秒的钢球,却因受到子弹攻击时背面变形超过 10 厘米而无法用作人体防弹衣,但有望用于机器人部署的防护毯或防护盾;②轻质凯芙拉纤维毡可在比凯芙拉纤维织物面密度低 40% 的情况下阻止破片攻击,但由于背面变形过大不适合用于防弹衣,更适合用于机器人部署的防护盾;③美国陆军研究实验室还开发出轻质超高分子量聚乙烯复合材料,该材料能够通过极端变形来防御战场上的步枪威胁,而且不需要像硬装甲那样固定在框架上,适用于机器人的部署。

利用机器人编队动态布设防护材料,可以扰乱、转移或挫败致命威胁。在战场环境,携带防护毯或防护盾的无人机或无人车可在士兵前方自主导航,在预设的安全距离内提供机动式防护。美国陆军研究实验室与赛瑞丹公司合作,开发出便携式远征机器人。该机器人装备的防护盾可自主面向威胁方向启动,防护盾由超高分子量聚乙烯制成,规格大约为宽 66 厘米,长 100 厘米,可进行 180 度旋转。相关演示验证实验表明,装备便携式远征机器人的士兵小队的生存力至少可提高 36%。

2.4 训练与演习

2.4.1 联合概念评估演习

2018 年春天,驻欧美军在德国组织首次"联合作战评估"演习,试验了"多域战"概念及 2018 版条令《FM3-0:作战》。另外,美国陆军在演习中纳入了盟友和合作伙伴,对包括多国网络联通、机器人突破、步兵旅战斗队机动、前沿地区师及以下近程防空能力等 11

个概念进行了联合跨国评估,更好地解释了美国陆军及其合作伙伴在未来的联合作战方式,这场评估演习旨在提高多国指挥的凝聚力,从而促进在多国部队中实现更多的概念创新。

2019年4月8日至5月11日,美国陆军未来司令部未来与概念中心下属的联合现代化指挥部在位于华盛顿州的亚基马美国陆军训练中心和刘易斯-麦科德联合基地进行"联合作战评估2019"演习,旨在评估美军印太司令部陆军的试验性多域特遣部队的作战能力,促进"多域作战"概念及能力进一步发展与完善,从而加快美国陆军现代化建设步伐。"联合作战评估"在当年成为美国陆军最大的联合、多国实战演习。该演习除具体试验项目外,还拓展了未来联合作战概念能力和编队的试验范围,使联合部队通过实战演练,更好地理解赢得未来战争所需要的概念和能力。"联合作战评估2019"演习共对28项新的战术概念与能力进行了测试,其中一项为"传感器赋能侦察排",由第2机步师第2"斯特赖克"旅战斗队的侦察营实施。"传感器赋能侦察排"为现役美国陆军侦察排,已通过增编新型传感器增强了侦察能力。

美国陆军通过"统一寻求2019"人工智能系列演习活动来确定如何运用人工智能为多域作战和士兵提供支持。"统一寻求2019"和陆军特种作战司令部人工智能和机器学习研讨会等活动通过发掘云计算、大数据分析、人工智能、自主、机器人、定向能、超音速和生物等方面的先进技术,为国防战略和陆军六大现代化优先事项提供支持。

对于多军种联合,在2018年6月27日至8月2日举行的环太平洋军事演习中,美、日、澳三国举行了联合反舰演习,从海、陆、空多域多个平台发射了多种武器,最终击沉靶舰。在此次联合反舰演习中,美日地面部队首次参加反舰联合实弹打靶,日本反舰导弹(12式)首次通过美国的火控和指挥系统攻击目标,美国陆军MQ-1C"灰鹰"无人机首次使用Link16数据链与其所属连队之外的部队联合作战，这充分展现了美军强大的信息融合和处理能力，也初步实践了美军及其盟军陆基反舰部队与水面、空中和水下部队协同实施反水面作战。

美国陆军的首支试验性多域特遣部队，也在印太地区对"多域作战"概念进行为期3年的试验与鉴定。该部队参加了2018年6—8月的环太平洋联合军事演习，首次将"多域作战"概念付诸实践，与日本陆上自卫队协同将精确火力打击引入复杂战场，向已退役的"拉辛"号登陆舰发射了远程精确制导炮弹、空舰导弹和岸舰导弹，将其击沉，完成了第一阶段的试验。

2019年的"网络闪电战"演习验证了第一支营级多域特遣部队的实战潜力。事后被评估为：陆军特战部队的作战概念、陆军特战部队士兵赋能、合成部队和制度敏捷性所需的能力与陆军"在一个联合、多域、高强度的冲突中赢得胜利，同时，还要威慑其他敌人并维持非常规战争的能力"的愿景保持一致。

2.4.2 "会聚工程"作战实验

为推动"多域作战"概念的发展，美国陆军于2020年夏天启动"会聚工程"项目，旨在将其作战能力与联合部队的陆、海、空、天、网各作战域资产快速融合，在美军各军种及盟军范围内全面推广"多域作战"概念、技术、部队架构和程序，并对相关能力进行了测试。

美国陆军将"会聚工程"视为落实国防部发展"联合全域指挥控制"（JADC2）能力的关键抓手，借以理解未来作战环境、推进多域作战思想发展、支撑联合概念演进、探索未来兵力设计、验证关键技术解决方案，充分利用人工智能、自主系统、大数据、先进网络等技术手段，围绕士兵、武器系统、指挥控制、信息、地形五大要素，推动美国陆军探索和构建颠覆性作战能力，验证和发展变革性作战方法。

2021年2月，美国陆军协会发表文章称陆军未来司令部表示，

"会聚工程"是美国陆军未来最重要的事,其重要性甚至超过作战行动。"会聚工程"的提出代表美国陆军对未来军兵种系统之间大联合的一种最新设想,它与美国陆军的多域作战概念目标一致,并嵌套在"联合全域作战"概念中。"会聚工程"并不是一种增量改变战斗力的方法,其目的是通过技术手段改变陆军在海、陆、空、网络等各个领域的作战方式,以确保在未来冲突中打赢竞争对手。美国陆军高层宣称,系列作战实验或将持续十余年。

1. "会聚工程2020"作战实验

2020年8月11日至9月1日,美国陆军在亚利桑那州尤马实验场开展了第一次"会聚工程"实验活动,即"会聚工程2020"(PC20)作战实验。此次实验由美国陆军未来司令部主导,约有500人参加,实验主要由美国陆军开展,仅在演习的最后时刻纳入部分联合作战资产。涉及编制包括旅战斗队、战斗航空旅、加强型远征信号营,目标是为陆军前方作战梯队整合新的赋能技术,加快作战决策速度,改变作战方式,优化作战流程,增强作战可视化、可描述性、决策能力,并在让士兵了解新兴技术的同时塑造陆军新的作战编制。该试验涉及大约34项技术实验,旨在实现武器系统和传感器的高效连接,应用人工智能技术、软件平台、自主无人系统,从所有作战域获取传感器数据,定位威胁目标,并自动选择最合适的武器系统形成杀伤链,在数千米之外打击目标。

在该实验中,陆军使用近地轨道卫星及"灰鹰"无人机同时探测空中和地面目标,两种系统将产生的数据传给刘易斯·麦考德联合基地战区作战中心的"普罗米修斯"人工智能目标处理系统;经大量数据对比,对其中的图像进行自主识别目标等处理后回传给前方部队装备的"火力风暴"人工智能辅助决策系统,该系统将在数秒内完成信号、图像、视频、导航等数据分析;位于尤马试验场的指挥官利用辅助决策系统匹配打击特定目标的最优武器,制定攻击方案,选择攻击手段,最终使用GBU-69滑翔制导炸弹、155毫米火炮和装备"海尔法"导弹的"灰鹰"无人机同时摧毁了防空系统、地面车辆等 20 多个靶标。

其中,"普罗米修斯"是美国陆军未来司令部开发的智能目标处理系统,能够快速从大量图像、文字和其他数据中发现具有规定特征的目标。该系统可替代大型人工情报分析团队,通常配属陆军战区指挥部,通过先进微型数据采集分发系统,实现与武器系统的无缝连接。截至 2020 年 9 月,"普罗米修斯"系统已经与美国陆军的 M777 榴弹炮、火箭炮、增程火炮原型系统、"灰鹰"无人机、"阿帕奇"直升机等多种地面与空中系统实现互联,最终目标是连接单兵佩戴的综合视觉增强系统。"火力风暴"系统是美国陆军开发的智能辅助决策系统,可快速处理信号、图像、视频、导航、地形、气象、坐标等数据,并将这些数据与数据库对比,分析它们之间的关系。例如,该系统能够结合特定的距离、气象条件,针对特定的目标组合,自动确定最佳交战武器、位置、时间,并把这些信息展现在美军的通用作战图上。上述过程如果采用人工分析,通常需要 20 分钟,而"火力风暴"在数秒内就能完成这项工作。

事实证明,运用"会聚工程"的技术成果显著,从低地球轨道卫星到地面处理站,再到尤马试验场最终到达陆军火炮进行打击,数据经历了 4 个平台,实现了在多个不同平台上的数据共享。在此基础上,原先跨域作战从多源态势感知目标数据到数据融合,再通过机器智能传递,到达合适武器平台并实现跨域打击的过程至少需要 20 分钟,而现在缩短至不到 1 分钟。这意味着,美军距离"发现即摧毁"目标更近了一步。

此外,在试验中,美军一架"未来攻击侦察直升机"在智能识别技术的支撑下,能在不完美不完全的目标状态条件下,利用智能探测工具定位敌方防空系统的指挥和控制节点,而后发射一架空中特效无人机,在 50 千米外打击敌方网络节点,准确判定出目标性质、位置,极大缩短认知目标时间,加快作战节奏,从而提高美军在未来战争中的非对称优势。

2. "会聚工程2021"作战实验

"会聚工程2021"作战实验分两阶段，历时6周，其中2021年9月28日至10月11日为实验准备阶段，为时2周；10月12日至11月10日为实战测试阶段，为时4周。实验由陆军未来司令部下属联合现代化指挥部具体组织领导，在美国本土亚利桑那州尤马实验场、新墨西哥州白沙导弹发射场、马里兰州阿伯丁试验场、华盛顿州刘易斯·麦考德联合基地、北卡罗来纳州布拉格堡、路易斯安那州波克堡，以及加利福尼亚州空军范登堡基地和海军中国湖航空武器站共8个地点同步展开。地域横跨美国本土3 700千米。参与军种包括陆军、海军、空军、海军陆战队、太空军以及美国国防部相关机构，人数达5 000余人，陆军多域特遣部队也参与其中。这是近15年来美军最大规模的联合部队实验，也是美军各军种首次组成联合部队，协同探索和演示全域传感器与全域射手的网络互联。

针对此次作战试验，美国陆军进行了近一年的实验室和试验场准备，在联合实验室中通过仿真技术操作数据，并展开了较小规模的演习活动（如展示复杂空中突击能力的"北方利刃2021"演习），为"会聚工程"系列化实弹演示验证活动做好了准备。

"会聚工程2021"作战实验的主要目的在于研究解决美军未来陆战的四大问题：①发现和验证能够突破对手"反介入/区域拒止"的新兴技术，加速有前景技术向新质能力的转化；②找到将人工智能、机器学习、自主技术、机器人技术、通用数据标准融入作战体系结构的方法，促成联合部队在战术边缘的决策主宰优势；③探索建立具有一定带宽的联合网络，支持联合部队在通信中断、延迟、受限的条件下行动，评估各类新兴技术如何在这样的条件下工作；④整焦联合互操作能力，推动技术和项目的联合集成，支持"扩展机动"联合作战概念与联合全域指挥控制、联合火力、对抗性后勤、信息优势等联合支持概念的发展完善。

为实现上述目的,"会聚工程 2021"作战试验基于多域作战的不同阶段,设计了 7 个作战场景及相关试验。

(1) 场景一:联合全域态势感知。美国陆军融合陆、海、空、天、网多域战场数据,生成目标区域联合全域战场态势,重点试验联合任务部队如何实现联合全域感知战场目标,全域战场态势如何赋能一线陆战分队,全域态势感知优势如何转化为陆战战场决定性机动优势。

(2) 场景二:联合防空反导。建立陆军一体化防空反导作战指挥系统与海军"宙斯盾"反导系统间的数据连接,形成态势共享,促成海军"标准-6"导弹、陆军"爱国者-3"导弹、实验型 50 千瓦级激光武器对空中各类目标的协同交战、多层拦截。

(3) 场景三:联合火力打击。联通一体化防空反导作战指挥系统与先进野战炮兵战术数据系统(AFATDS),使先进的防空反导传感器能够用于探测纵深目标,引导联合火力实施纵深打击。扩大"火力风暴"人工智能系统的应用范围,基于人工智能进行数据处理,实现整个联合部队范围的最优"目标-火力"匹配。

(4) 场景四:半自主补给前沿基地保障人员利用 3D 打印技术完成部件制造,利用主从式轮式运输车队、远征模块化自动驾驶车为联合场景,重点是探索构建统一网络和共用数据架构实现跨军种数据共用,促成联合全域态势感知和指挥控制,实现各域传感器到射手的直接连接,使火力高效联合。利用车辆、车辆数学跟踪技术精确投送零备件至故障坦克位置,然后探索基于无人自主系统的精确、隐蔽保障新模式。

(5) 场景五:人工智能赋能的自主侦察。美国陆军 4 辆自主地面机器人与 2 架系留式无人机系统,实施自主任务规划、自主寻路侦察、自主协同探测、自主信息回传,实现对危险区域的自主化侦察。

(6) 场景六:一体化视觉增强的空中突击行动。美国陆军第 82 空降师士兵,搭乘"黑鹰"直升机,前出师指挥所 100 千米,实施排级规模的空中突击行动。依托单兵配备的一体化视觉增强系统,实现战场态势感知、战术信息共享、战术行动协同、引导火力打击、行动信息回传,演示了单兵充分信息赋能条件下的近战、特战新形态。

(7)场景七:人工智能赋能的地面突击作战。美国陆军地面分队的无人战车可以自主识别威胁目标,在指挥中心控制下,对确定的目标实施火力打击,重点探索基于第三代前视红外系统和人工智能算法的威胁目标识别、不利条件下与指挥中心的通信传输、指挥中心控制下的无人战车火力交战等。

相对于2020年的首次"会聚工程"作战实验,2021年作战实验的参与人数增长了近10倍,从单一军种演变为5大军种联合参与,实验地点从1个增至8个,实验场景设计从3个增加到7个,实验的"传感器-射手"组合从6个增加到27个,对110项技术开展实验。在组织上,由未来司令部副司令牵头,联合参谋部、人工智能中心、各军种的中将组成联合委员会,联合委员会负责制定实验目标,批准实验场景,确定参演技术,审查数据收集计划,确保各军种的联合参与;同时,美国陆军还成立了联合系统集成实验室,与各军种实验室形成网络连接,能够模拟由传感器、射手和指挥节点组成的网络,构建无缝、单一、虚拟、作战逼真的战术网络环境。而从实验场景上看,"会聚工程2021"作战实验明确将模拟场景放在印太地区的第一岛链和第二岛链区域,8个实验场地横跨美国东西海岸,模拟美国与中国对抗所面临的距离困境,各项实验均在野外较为恶劣的气候、复杂的电磁干扰环境,以及通信中断、延迟、受限等作战条件下进行,具有很强的实战化场景设计。

美国陆军对这次实验做出总结,认为在其中表现良好的技术领域包括:①人工智能赋能的机器人技术,在第五个场景的实验中,机器人系统根据指挥员意图,很好地实现了自主规划、自主行动;②威胁数据的跨军种快速共享,在联合参谋部的参与下,实现了各军种信息的快速转换;③基于无人机与卫星的组网技术,利用多种无人机和低轨卫星星座，构建了弹性、灵活、敏捷的弹性网状网络。而有待进一步改进的技术领域包括：①自动驾驶技术，地面机器人的自主行动依赖激光雷达和全球定位系统，在实战条件下难以生存；②电磁对抗技术，现有网络技术在抗电磁干扰的弹性和通信范围、容量方面没有取得良好的平衡；③信息共享和态势感知，此次实验展现的跨军种信息共享和态势感知仍是精心策划的结果，不具有普遍性，现实中仍难以实现有效融合。

3. "会聚工程2022" 作战实验

2022年9月，美国陆军启动为期三个月的"会聚工程2022"（PC22）作战实验。此次实验聚焦印度-太平洋战区和欧洲地面作战场景，与多国部队联合作战，重点对陆海空现有和新兴技术在应对空中和导弹威胁防御和摧毁反介入防御方面的能力进行试验和评估。

"会聚工程2022"演习参演军种包括美军六大军种、英澳联盟部队，参演平台有驻扎在太平洋的航母打击群和美国海军第三舰队以及在日澳区域部署的传感器。演习设计太平洋环境下的海上和远程作战以及陆战场两个试验阶段，围绕三个目标展开系列实验：一是通过防护防御火力建立综合防空反导；二是使用联合进攻火力和远距离打击目标；三是审查阻碍联合作战部队发挥作战能力的环节和相关策略。此外，各军事部门还强调每个军种指挥所之间要具备适当的通信能力。

2022年3月，美国陆军联合工业界、学术界举办"会聚工程2022"工业圆桌会议，基于"会聚工程2021"作战实验的经验教训，制定初步实验方案。据此方案，美国陆军6月完成了为期3周的"通信演习1B"，范围从马里兰州阿伯丁实验场和得克萨斯州布利斯堡的联合系统集成实验室一直延伸到英国和澳大利亚，通过实况、虚拟和构造技术构建仿真环境，以综合战术网为骨干，重点关注分布式作战中的通信问题以及全域通用态势图生成问题，测试50多项技术后，最终确定"会聚工程2022"实验方案。

"会聚工程 2022"演习对 300 余项技术进行了评估,包括远程火力、无人机、自主战车和下一代传感器,并重点演练联合和多国部队在未来作战环境中的互操作性。演习还纳入了技术网关的首次演示,以及基于联合全域指挥控制(JADC2)的其他军种的相关实验和后勤保障能力演示。

(1)在自主能力验证方面,参演人员于 2022 年 11 月在太平洋、亚利桑那州尤马实验场、加州彭德尔顿和圣贝纳迪诺县的国家训练中心对地面和水面自主能力进行试验。演示科目包括美国陆军、DARPA 与行业合作伙伴操作搭载 3 000 磅(1 362 千克)物资的 UH-60 "黑鹰"无人直升机;美英澳联合和联盟部队演练空中和地面机器人的控制能力,包括如何将机器人获得的数据回传给指挥所,如何让指挥官根据这些系统提供的信息采取行动等。此次演习将实验半自主侦察车和补给车,系列实验将扩展到太平洋各区域。

(2)在无人机能力验证方面,美国陆军演示了由一名操作员控制多架无人机的"蜂群"能力。

(3)在技术网关试验方面,美国陆军作战能力发展指挥部组织由行业参与演示,实验评估商业部门的创新解决方案。技术网关能力演示针对作战概念试验新兴技术,将为深入了解潜在的应用领域创造机会,为陆军未来的潜在需求提供宝贵的信息和反馈,加快未来突破性技术的学习速度。

此次演习还纳入了各军种的相关实验和学习运动,包括空军"先进战斗管理系统"和海军"对位压制工程",为联合全域指挥控制(JADC2)发展提供信息支持。

4. "会聚工程 2024"计划

美国陆军高层已签署新的"会聚工程"蓝图,该蓝图将取代每年一次的实验计划。2023 年 3 月 28 日,美国陆军未来司令部负责未来和概念的副总司令丹尼斯·麦基恩中将表示,在开展更大规模的第 4 次实验之前,他已经为在印太和欧洲地区进行的大规模持续实验开了绿灯，该实验将试图验证所学到的东西。美国陆军希望利用"太平洋栈道"（Pacific Pathways）计划等即将开展的演习来测试新功能，并解决在先前测试中发现的各种数据传输或集成挑战，直至测试结果满意为止。在"会聚工程 2022"的战术层面上，美国陆军在应对空中和巡航导弹威胁方面开展了工作并获得了相当大的进展，目前美国陆军想将这种威胁提升到作战层面，并真正整合弹道导弹的作战能力和战术能力。

美国未来司令部副指挥官称，美国陆军的实验规模将扩大到美国联盟伙伴的联合部队。下一轮"会聚工程"将重点放在战区层面的实验上，以应对更具挑战的威胁。该实验将考察联合部队是否形成"杀伤网络"，即一个从太空到地面的综合传感器网络，消除战场上的威胁目标。

总体来说，"会聚工程"是美国陆军在多域作战概念牵引下，发展装备技术的优选途径，其目的与 2014—2017 年的"网络综合评价"实验和 2017—2019 年的"远征勇士"实验一样：①引领装备技术发展与能力建设，防止方向偏离，节约时间与成本；②吸引军工企业关注，建立双赢合作模式；③增强在国防部、国会、美国民众中的影响力，强化军种利益。

2.4.3 "网络探索"实验

战场网络构建是美军联合能力发展的重点和难点。美国陆军未来司令部认为，人工智能、自主技术、机器人技术将在 2035 年后从根本上改变战争，而实现这一切的前提是必须有强健且富有弹性的网络作为支撑。"会聚工程 2020"作战实验也使美国陆军认识到，实现战场联网要比预期难得多。"会聚工程 2021"作战实验中，曾先后安排 4 轮"通信网络"虚拟演习，试验解决现有系统对有线网络依赖过高、不同密级通信系统联通难、多域端-端通信卡点多、网系数据交换易断链等问题；实验多项战场网络技术，包括综合战术网（ITN）

"能力集 21",以无人机扩大网络覆盖,综合利用低-中-同步轨道卫星构建天基弹性作战网络,构建高带宽网状网、战术空地网状网、绝密网等,但美军战场网络技术发展运用仍面临两大矛盾:一是弹性抗扰与覆盖范围、网络容量要求间的权衡问题;二是网络安全保密要求与不同网络互联互通、信息共享间的平衡问题。在此,以"网络探索2020"实验为例,阐述美国陆军对新兴网络的需求探索。

2019年8月13日,美国陆军卓越网络中心能力开发集成处(C-CDID)发布跨部门公告,启动年度样机实验"网络探索2020"(CQ20)。同年8月23日,卓越网络中心能力开发集成处举办"网络探索2020"工业日活动,向供应商阐述"网络探索2020"的详细情况。"网络探索2020"将探索适于实战的新兴网络技术,可供未来美国陆军/联合演习和实验(例如网络闪电战、联合作战评估等)使用。

1. 基本情况

"网络探索"实验旨在识别美国陆军在网络、电子战及信号等方面的能力差距,评估技术原型(重点关注具备6级或7级技术成熟度的技术),确定并交付相关先进技术。

"网络探索"实验由美国陆军卓越网络中心能力开发集成处下属的网络战实验室主办。卓越网络中心能力开发集成处负责审查网络、电子战和情报等方面的新兴概念与技术,支持美国陆军现代化战略和多域作战概念。网络战实验室负责运用建模与仿真及实战化实验,确定信号、网络及电子战等技术是否成熟到适于原型开发,以向作战人员提供相关技术,并支持采办工作。

"网络探索"实验通常于上一年度的8月启动,发布发起人的关注领域并邀请供应商参与,随后于当年的6—7月举办实战演习。首次实验主题是"网络探索2016",此后每年举办一次。

(1)"网络探索2016"于2016年6—7月举行,关注领域包括:网络电磁环境的态势理解;创建安全可靠的数据传播架构;推进互操作性。

(2) "网络探索 2017"于 2017 年 6 月举行,关注领域包括:提高战术通信的能力、范围与安全性;更好地实现防御性网络作战的任务可视化、规划与管理;推进电子战的任务可视化、规划与管理;增进对战场态势的理解。

(3) "网络探索 2018"于 2018 年 6 月举行,关注领域包括:提高指挥官对威胁环境的态势理解;实施射频使能的进攻性网络作战;更好地支持联合网络作战;为指挥所实施先进无线的解决方案;探索具备低探测概率/低截获概率的受保护波形的应用。

(4) "网络探索 2019"于 2019 年 6 月举行,关注领域包括:增强对网络的理解、分析与利用;探索实施防御性网络作战的自动化能力;实施战术电子攻击与电子战资产的本地及远程管理和规划;扩大战术网络的范围。

2. 实验情况

根据美国陆军未来司令部作战指令(OPORD)003-19《未来部队现代化企业年度任务指南》的指示,卓越网络中心能力开发集成处规划并实施年度原型实验"网络探索 2020",旨在针对美国陆军的相关能力需求来评估新兴网络技术,为能力开发和快速采办提供支持。

1)实验设计

针对不同阶段的技术采取不同的实验手段来进行评价,相关技术采用演示、实验或评估等方法评价,优异技术则通过实战演习评价。

(1) 演示,旨在展示样机并进行相应解释。演示可为进一步实验提供证据或理由。所有通过《未来部队现代化企业年度任务指南》评审的供应商都要对其技术进行现场演示。

(2) 实验,采用在受控环境中操纵自变量并测量因变量以建立因果关系的经验方法。该实验将在实验室或实战环境下进行。

(3) 评估,旨在对技术进行定性或定量判断。供应商完成实验后,部分技术将被集成到"网络探索 2020"战术网络进行评估。目的是与实验室相比,从而确定相关技术在作战环境中的性能。

（4）实战演习，使用"真实－虚拟－构造"的实验环境作战想定对技术进行评价。其中，作战人员将遂行支持作战想定的任务，并主观评价工业能力。可集成工业能力的作战环境和美国陆军系统包括：①作战环境。由网络战、电子战及情报等领域士兵组成的步兵旅级战斗队战术作战中心，将进入联合特遣部队战时想定状态，目的是创建"不惧失败"的作战环境，以评估创新概念和能力。②技术集成。工业界和政府提交的解决方案，可与陆军列编项目系统集成，并由真实作战想定支持，驱动可衡量的结果和概念。这些列编项目包括未来指挥所（CPOF）、指挥所计算环境（CPCE）、分布式通用地面系统（DCGS－A）以及先进野战炮兵战术数据系统（AFATDS）等。

2）实验计划

"网络探索2020"主要分为四个阶段：①提交白皮书。自跨部门公告发布之日至2019年9月，供应商可针对实验目标提交白皮书，阐述技术能力。②技术演示。2019年9—10月，供应商进行技术演示。③实验与评估。2019年11月至2020年4月（结束时间待定），对卓越网络中心能力开发集成处选择的技术进行实验与评估。④实战演习。2020年3—6月，前期表现优异的技术将与美国陆军系统集成，进行实战演习。

3）实验目标

"网络探索2020"旨在针对美国陆军能力需求评估新兴网络技术，支持能力开发和快速采办。在"网络探索2020"期间，卓越网络中心能力开发集成处将寻求政府、工业界和学术界演示网络空间作战、信号、情报及电子战解决方案，实现相关实验目标。这些实验目标根据发起人可划分为：

（1）训练与条令司令部（TRADOC）网络能力主任目标。

①网络空间态势理解，包括：确定可增强指挥官和参谋人员网络态势理解的技术；确定可基于多个数据集和变量的相关性来描述任务影响的分析算法；确定可评估总体任务风险和网络防御态势的技术；

确定并集成可显示并共享社交媒体趋势的技术；确定可立即与指挥所计算环境（CPCE）和美国陆军其他列编项目集成的可用技术。

②进攻性网络作战，包括：确定新兴网络空间技术和程序，向指挥官提供射频使能的非动能效应，支持师级和旅级编队作战；集成网络空间技术与程序，发现并利用先进波形及新兴网络协议，支持进攻性网络空间作战的任务规划、推演和实施。

③防御性网络作战，包括：确定网络欺诈能力；可利用隐秘技术支持信号掩蔽和还原；支持基础设施、系统和变量的随机化，误导对手；恢复自主威胁欺诈活动后的环境。

（2）训练与条令司令部网络与服务能力主任目标。

①网络相关技术，包括：确定新兴无线电技术，可为美国陆军机动部队提供高容量、视距内通信的地面回程网络；确定网络是否满足地面层系统和后勤网络的需求；结合波束控制和波束成形技术，确定其在保护和掩蔽网络方面的有效性；确定可提高战场战术无线电系统带宽效率的商业能力；确定可保护战术卫星传输的商业技术。

②网络作战，包括：确定可利用威胁分析、人工智能和机器学习动态自主管理并控制大量网络设备和服务，进而简化网络决策的能力；确定能够建模、仿真、可视化显示及评估当前网络与规划网络之间性能差异的能力；确定能够支持美国陆军身份和凭证访问管理的能力；演示新兴信息传播管理内容分级能力，确保个人能够在规定时间向所需位置提供正确的优先级信息。

（3）训练与条令司令部战术无线电能力主任目标。

①确定可支持美国陆军多域作战数据传输要求的低轨和中轨卫星的能力。

②评估先进网络波形和动态频谱分配技术，确定其是否可以在饱和环境中维持通信。

③确定可信语音通信技术。

（4）训练与条令司令部电子战能力主任目标。

①电子战支援。确定新兴电子战支援技术,可为美国陆军编队提供大范围电磁环境的增强感知能力,包括:为电子战人员提供感知2兆赫~40吉赫电磁信号的能力,包括远程(大于50千米)跳频技术;确定使地面层系统(TLS)探测2~40吉赫信号所需的天线类型和数量。

②电子战防护。确定能够使美国陆军指挥官感知并可视化电磁频谱(EMS)的技术,包括:为机动指挥官提供设置电磁频谱基线的能力,并能够识别对手的干扰企图;结合小型形状系数装备和先进天线,感知美国陆军战术编队产生的所有信号。

③电磁频谱欺诈。确定可利用频谱遮蔽向饱和电磁环境下的美国陆军部队提供自由机动能力的技术,包括:战术部队通过操纵电磁频谱,向对手传递虚假规模和位置信息的能力;战术部队在饱和电磁环境下,向对手传递虚假机动信息的能力;通过电磁频谱欺骗和远程传输手段抵御电子攻击的能力。

④信息战支援。确定可使用射频传输方法支持美国陆军军事信息支援作战的能力。

⑤情报。确定能够为美国陆军提供动态情报同步矩阵(DISM)的能力。动态情报同步矩阵旨在为决策点(DP)、优先情报需求(PIR)、指标、具体信息需求、收集任务和任务平台及传感器之间的链接提供实时自动可视化。

(5)网络跨职能小组(N-CFT)目标。

①战术云技术。确定最大化利用云技术能力,可在竞争环境或外部连接中断时使用。其中,数据同步、可生存性和弹性固然重要,但将正确数据提供给战术决策者更加重要。

②安全数据与网络。确定在网络上保存和保护数据的安全方法,确保数据只被授权用户和设备访问。

③战术网络的人工智能管理。确定可管理战术网络的人工智能能力,可自主管理网络延迟、服务质量及吞吐量,并在出现问题时通知

用户。

④战术网络管理的建模与仿真。确定网络管理建模与仿真能力，在实施更改前为网络规划人员提供预览，以更改其对网络影响的能力。

⑤战场物联网的终端安全。确定可保证战场物联网终端安全的技术，使战场物联网能够抵抗篡改，在遭受攻击的情况下也可持续工作。

3. 分析总结

"网络探索 2020"将在候选技术投入实战前，通过演示、实验、评估及实战演习等方法，预先确定其对条令、组织、训练、装备、领导与教育、人事与设施（DOTMLPF）的影响，以有力支持美国陆军相关能力的开发工作。

"网络探索 2020"采用分阶段筛选的实验设计，只有经过前序阶段验证的候选技术才可能进入后序阶段，在充分评估候选技术的作战价值、成本效应和研发风险后，确定最具前景的技术，进行后续投资。另外，由于网络技术发展日新月异，"网络探索"实验属于年度实验计划，将广泛邀请政府、工业界和学术界参与，这样能够快速有效跟踪领域内最先进的技术。这些制度设计可以帮助采办部门高效率地确定需重点投资的新兴技术，从而在最大限度上降低试错成本和失败风险。

2019 年 8 月 21 日，美国陆军网络司令部宣布计划整合网络战和电子战力量，成立信息战司令部。通过组建及协调新的部队和人员，在多域作战中融合数字战斗和物理战斗；融合从网络战到心理战、从公共事务到军事欺骗等不同学科行动。随着美国对信息优势在军事冲突中起到的作用日益重视，并强调开展武装冲突阈值以下的竞争，美国陆军也已采取切实行动强化信息战能力建设。"网络探索 2020"在网络空间作战、信号、情报及电子战等方面探索适于美国陆军未来作战的技术，以有力支持美国陆军的现代化战略和多域作战概念。

2.4.4　合成训练环境

在美国陆军现代化进程中,为提升相对于战略对手的作战能力优势,美国陆军提出了合成训练环境(Synthetic Training Environment, STE)概念,成立了合成训练环境跨职能小组,旨在通过虚拟仿真技术,使士兵沉浸于当前和未来的各种威胁环境中,强化战术演练,增加战术配合默契度,实现大幅提升训练能力和训练水平的目标。美国陆军未来司令部指出,合成训练环境是美国陆军未来战场跨域取胜的关键。合成训练环境是六大项目群中"士兵杀伤力"的重要组成部分。

1. 背景

美国陆军需求监督委员会分别两次(2016年10月和2017年7月)通过了对合成训练环境概念及要求进行研究的请求,并强调找出美国陆军当前的训练能力与现代化转型所需能力之间存在的差距和不足。美国陆军能力委员会经过调查分析指出,美国陆军在合成技术领域已经落后,尤其是在集成多级和分布式合成训练方面存在差距。为此,美国陆军需要融合实兵训练(Live)、模拟训练(Virtual)、构造仿真训练(Constructive)和军事游戏(Gaming,用于军事训练的游戏)的通用模拟环境,为部队在"多域作战"中取得决定性胜利培养所需的作战技能。2017年7月27日,美国陆军能力委员会确定美国陆军需要采用新型训练系统,即合成训练环境,以保障集体训练的高效开展,从而最大限度提升部队战备水平、锤炼部队面对复杂情况的应对能力。

为推进合成训练环境建设,美国陆军成立了合成训练环境跨职能团队,通过与工业部门合作和聆听前期用户反馈,加快了合成训练环境训练方法和组件的开发速度。合成训练环境跨职能团队通过开展训练系统早期的原型设计、实验和接收用户反馈,更好地了解合成训练环境的要求,并评估技术成熟度,以及制定更优的合成训练环境成本计算方法。

2018年6月,美国陆军2028年愿景发布,其中提出了美国陆军未来10年的军事力量发展设想。该愿景指出,截至2028年,美国陆军将在联合、多域、高强度战争中具备随时随地部署、果断对抗任何对手,同时威慑其他对手并保持遂行非常规战的能力。为此,美国陆军需重点关注并针对高强度冲突训练和复杂环境中的作战训练,快速发展合成训练环境,大幅提高士兵和部队的战斗力。同年10月,美国陆军发布《陆军战略》,该文件指出,在部队战备方面,美国陆军应针对高强度冲突开展训练,尤其是在密集城市地形、电子减弱环境与持续监视环境下的单兵和集体训练。到2021年,美国陆军开始部署合成训练环境,将模拟训练、构造仿真训练和军事游戏训练环境集成到统一平台。

2. 现状

合成训练环境基于美国陆军现代化需求提出,着眼美军当前和未来的训练环境,通过颠覆传统训练的方式,将实兵训练、模拟训练和构造仿真训练等训练系统和军事游戏集成起来,形成一种全新的训练系统。该系统能大大减少训练过程中各系统的地形数据量、软硬件消耗、系统开发成本与训练场地建设需求,缩短训练的计划、准备、执行和评估时间,使部队和指战员能在逼真的训练环境中进行多层级/多领域联合战术训练及指挥训练,提升美军应对未来多域作战环境的战备水平。因此,合成训练环境是美国陆军现代化进程中急需发展的一种全新的训练方式。

此前,美国陆军使用的训练环境是一体化训练环境(Integrated Training Environment,ITE)。该环境由过去35年独立开发的、不同的非系统化训练设备组成,通过"实兵训练、模拟训练、构造仿真训练一体化架构"联系起来。尽管一体化训练环境在一定程度上提升了美军的训练能力,但这些原本独立的经集成后形成的系统十分复杂且成本太高，还无法与现有技术保持同步，因此缺乏足够的逼真度、互操作性、可靠性、适应性和有效性，不能模拟当前和未来一段时期的作战样式，也难以满足美国陆军应对当前和未来的诸如电子战、网络战、太空战、超大城市作战及"多域作战"威胁等训练需求。

合成训练环境与一体化训练环境不同，不仅体现在维修成本方面，还体现在单独开发的专有系统方面。合成训练环境用开放式架构取代了一体化训练环境的封闭式训练网络，可基于云系统与美国陆军的其他系统相集成，如通用作战环境、作战地形数据库与美国陆军业务数据库等，从而减少投资和维护成本。此外，合成训练环境从设计之初，就将实兵训练、模拟训练、构造仿真训练和军事游戏等系统集成到一个统一平台上，克服了一体化训练环境中各系统相对孤立的不足，满足了受训人员不间断进行逼真、多级集体训练的需求。合成训练环境的系统还能够根据当前技术的发展实时更新升级，确保对目前和未来的部队编制、武器效能、作战能力、人机交互、密集城市地形和"均势"威胁等进行重现，满足士兵/班组在"多域作战"环境下的系统训练需求。

作为未来的一种先进的训练系统，合成训练环境具有以下特性：①能够以高保真度模拟出全球不同地区的作战环境，满足美军远征作战需求；②可全面支持不同作战环境下的多层级、跨作战功能联合演练；③能够模拟网络战、电子战、太空战、特大城市作战等不同作战样式，满足未来对于"多域作战"的需求；④能与美国陆军战术网络和任务式指挥系统集成，满足指挥训练需求；⑤能与联合和多国伙伴实现互操作，使训练与美国陆军"统一陆上作战"的构想一致；⑥基于云系统和各种软件，能够通过网络联通各个训练场、驻地、部署地等，满足士兵在不同场景下的训练需求。

3. 基本构成

美国陆军训练与条令司令部合成兵种训练中心为合成训练环境构建的基本结构主要包括体系架构、训练模拟软件和训练管理工具三部分。其中，体系架构是合成训练环境最为关键的基本能力，能够集成合成训练环境中训练模拟软件、训练管理工具、"同一世界地形"（One World Terrain，OWT）和其他关键组件，提供士兵/班组训练所需的训练能力；训练模拟软件是合成训练环境的核心，可以提供一个逼真的通用合成环境（Common Synthetic Environment，CSE），使受训人员便捷、高效地进行模拟训练；训练管理工具则能提供一种能力，用于指挥官、参谋和保障人员计划、准备、执行集体训练活动，对训练活动进行监测，并对训练效果进行评估。在合成训练环境的基本结构中，训练管理工具可为训练模拟软件提供权威数据源，而训练模拟软件能为训练管理工具提供训练分析所需的必要数据。合成训练环境的开放式架构和训练模拟软件的标准化设计允许重组现有的训练内容，从而使其具备未来功能再开发、原型设计和测试等功能。

1）体系架构

合成训练环境的体系架构可集成训练模拟软件、训练管理工具、"同一世界地形"等关键组件，并把当前的模拟训练、构造仿真训练和军事游戏等训练环境统一至一个平台中，为美国陆军在多域、联合、合成兵种环境中进行集体训练创造条件，使从单兵/班组到美国陆军军种司令部的各级受训人员能在多梯队逼真环境中进行跨作战功能训练，如任务指挥、防护、情报收集、火力打击、后勤支援、战场机动和机动作战等。

体系架构为模块化设计，具备可扩展性、安全性、可访问性与互操作性等特点。其中，可扩展性支持合成训练环境系统内模块/组件的集成、修改和删除；配备的非专用、开放接口，使合成训练环境全生命周期内都能嵌入新技术，可以对所有组件的数据进行更新。体系架构的开发符合美国陆军风险管理框架的要求，其还充分利用了人工智能等先进技术，能与通用作战环境中的计算环境（如指挥所计算环境、移动/手持式计算环境、车载计算环境和传感器计算环境等）以及任务指挥信息系统通信，还可与当前和未来的训练系统实现互操作。

2）训练模拟软件

训练模拟软件利用人工智能和大数据等技术，构建了集体训练任务所需的模拟环境，确保合成训练环境中所有使用通用权威数据的组件共同运行；同时，训练模拟软件利用开放式体系架构和直观通用的应用程序接口，充当从班组到美国陆军军种司令部集体训练所需军事能力和作战环境的来源，并可对作战环境和军事能力进行动态化和数字化呈现，进而为受训人员实现高效训练提供保障。在合成训练环境的所有组件中，训练模拟软件起着"中枢神经"的核心作用。

训练模拟软件能全面模拟所有任务指挥信息系统，并利用新出现的游戏和下一代计算机生成兵力模型，准确呈现出战斗兵种、战斗保障和战斗勤务支援的具体行为，全方位展现作战行动、部队行为、环境条件和控制过程。训练模拟软件可向训练管理工具、通用作战环境、任务指挥信息系统等提供信息并从中接收信息，同时将训练内容通过云端传送至国防部信息网络，这有助于从士兵/班组到美国陆军军种司令部的各级受训人员基于美国陆军发布的训练策略和训练模型，开展所有作战功能的集体训练与任务指挥训练。在训练模拟软件中，作战和任务变量在陆、海、空、天和网络等领域具备可扩展和动态变化的特性，而地形变量能提供展现作战环境和多域战场复杂性的可访问的全球任意地形环境信息，并能利用标准的可共享地理空间基础（Standard Shareable Geospatial Foundation，SSGF）数据库的信息存储和分配地形数据模型，从而克服地形局限性对部队训练的影响。此外，人工智能和大数据技术贯穿于训练模拟软件中。人工智能技术通过提供从每次训练中快速学习获取的能力来提升士兵和部队的作战技能，而大数据技术则通过将士兵和部队的训练效果与训练数据库进行对比分析，实现改进训练方式、完善训练手段、提高训练效率的目标。

3）训练管理工具

训练管理工具为指挥官、参谋、士兵、演习/训练主管和保障人员（技术控制）等快速计划、准备和执行集体训练活动提供一种手段，并使其具备对训练活动进行监测和对训练效果进行评估的能力。

训练管理工具与权威数据库（如美国陆军训练管理能力系统、数字训练管理系统、医疗保障系统、美国陆军全球作战支援系统等）连接，可随时随地通过国防部信息网络访问创建的训练环境，并借助大数据和智能辅助技术，使受训人员的训练活动及效果更具可见性。

2.5 创新建设文化

美国陆军鼓励创新的建设文化。陆军认识到，要实现现代化目标所需的技术，关键是要鼓励陆军内部的创新文化，并与传统和非传统行业、学术界和工业界建立新的伙伴关系。一方面，陆军充分利用国会授权的适应性采购方法，改变陆军采购方式，以加速装备能力的开发、生产和交付。另一方面，陆军不断学习其他部门的最佳实践，使用创新的承包工具，如其他交易管理机构的合作研发协议，以促进创新，并鼓励美国中小企业帮助满足陆军部队当前和未来的需求。同时，美国陆军还不断推出创新举措，加强与工业界、学术界的接触。例如，由陆军应用实验室管理推出的陆军能力加速器计划，旨在让企业参与从概念开发到原型成熟的过程，以验证早期技术，提出解决作战人员能力差距的解决方案。为让企业更好地展示他们的能力，该计划还提供了必要的支持和基础设施，自主或联合企业举办各类创新挑战赛，如2018年9月为制定应对无人机威胁的方案而举办的一场挑战赛。美国陆军新推出的创新举措还包括陆军研究实验室"开放校园"2.0、陆军战略资本投资计划、Halo项目等。

2020年，美国陆军司令部发布的创新联盟项目作为案例进行分析，可见美国陆军创新文化建设之一斑。

2020年3月，美国陆军未来司令部发布"创新联盟"（Innovation Combine）项目特别通告，寻求通过有奖竞赛、其他交易协议（OTA）和加入联盟相结合的方式，为蓬勃发展的军事技术生态系统提供机遇，并满足陆军对先进能力的需求。该项目由隶属于陆军未来司令部的作战能力发展指挥部组织，具体由其下属的地面车辆系统中心和士兵中心承办。具体而言，"创新联盟"项目通过举办有奖竞赛的方式，向设在美国的公司或机构寻求先进技术，为陆军在电力和能源以及新型材料两个领域的需求提供创新解决方案，并为优胜的参赛者授权其他交易协议，获选的公司还将加入相关技术联盟，以便扩大陆军创新生态系统。

1) 竞赛主题

此次竞赛的主题包括两个方面：一是可扩展的电力和能源解决方案；二是可减轻质量并提高生存能力的新型材料。

可扩展的电力和能源这一问题的解决方案的要求为：美国陆军需要质量更轻、能量密度更高、更安全的可充电电池，演示验证的原型电池能量密度要求达到每千克400瓦时（最终要求为每千克500瓦时）；或者一种可在行进中为轻型电池充电的小型发电系统［系统的质量<5磅（2.27千克），包括燃料］，可采用燃料电池或小型发动机技术。

减轻质量并提高生存能力的新型材料这一问题的解决方案的要求为：对于军用地面车辆结构体而言，由于其对弹道和爆炸载荷的要求通常优先于对结构的要求，导致其结构体非常厚。与航空结构体相反，较厚的地面车辆结构体对高强度和高延伸能力材料的需求要优于对超高刚度材料的需求。为实现轻型军用地面车辆，美国陆军需要既能承受高负荷又能吸收大量能量而不破裂的经济可承受性材料。

2）运行程序

竞赛分三个阶段进行：第一阶段为征询白皮书（RWP），第二阶段为原型建议征询书（RPP），第三阶段为情况介绍。每个阶段结束后，项目主办方可根据参赛对象的请求，提供项目主办方对其解决方案的反馈意见，使其了解实现其技术在陆军最佳应用的见解、产品改进建议，以及后续对于开发举措的建议，帮助加快技术向陆军用户的转化。

在第一阶段，美国陆军将发布征询白皮书。根据其中的竞赛主题问题陈述，所有感兴趣的公司可提交一份或多份白皮书，概述其技术和可行性、对陆军的潜在影响，以及两用性等，此外，还要在白皮书摘要部分中具体说明其解决方案为何适用于定义的原型项目。每份白皮书将由陆军专家组进行评审，专家组成员由陆军科学技术生态体系中的技术、采办和用户专家组成。白皮书评分标准包括4个方面：影响/变革陆军的潜力（35%）；科学与工程可行性（35%）；两用性（20%）；白皮书质量（10%）。在对所有白皮书进行评估后，评审专家组将选择28个项目，每个项目可获得5 000美元的奖金。获得奖金的公司将获邀参加美国陆军协会（AUSA）原计划于6月23—25日举办的"未来会议"，不过受新冠疫情影响，该会议被取消。此外，其中8家公司还有机会参加比赛的第二阶段原型建议征询和第三阶段情况介绍环节。

5月1—12日，该项目的原型建议征询书、演示文档等材料下发给在第一阶段中甄选出的8个公司。5月18日，这些公司提交原型建议征询书、简要图表、演示文档。同时，还要求这8个甄选的公司成为美国国家高级机动联盟（NAMC）成员，并参加"创新联盟"会议。国家高级机动联盟旨在：通过一个竞争性环境为政府部门提供地面车辆系统、子系统和部件技术等方面的美国开发者及供应商；与政府部门共同实施并完善业务流程和工具，以简化单个项目的合同管理；加速美军作战人员所需的新型地面车辆系统能力的创新、研发及生产。如果甄选的公司无法或不愿意成为联盟成员，则主办方可从第一阶段提供白皮书的公司中选择一家替代公司。此外，任何无法或不愿意成为国家高级机动联盟会员，以及不能出席"创新联盟"会议的公司将不再有资格获得任何未来奖项。

7月14—15日进行情况介绍。如果按照原计划，情况介绍环节将在陆军协会"未来会议"期间的"创新联盟"会议中举行，并面向来自政府部门、工业部门和学术界的"未来会议"注册与会者；但是因为受不可抗力的影响，"未来会议"被取消，"创新联盟"会议也由线下转为线上。甄选的8家公司于7月14—15日在线上向陆军专家组展示其原型项目，项目代表需在10分钟内介绍其原型项目和团队能力，随后与陆军专家组进入问答环节。

情况介绍结束后，专家组根据原型建议征询书中列出的所有评估标准对现场展示进行评估，根据对建议书和情况介绍的评估，选择2个作为评分最高的原型项目，并授出其他交易协议。

3）奖金设置

在第一阶段，排名最高的前28个白皮书项目分获5 000美元的奖金；在第三阶段，共8个项目，评分最高的前两个项目分获45 000美元，另外6个分获15 000美元。原型项目协议合同总额为60万美元。

此外，"创新联盟"项目还提供了其他非资金激励措施，以帮助小企业建立和保持与陆军之间的联系。项目过程中提交的建议书将向那些可大幅改进陆军平台、陆军武器系统或陆军保障系统的原型项目开放，这些建议书或将引发陆军其他机构的兴趣以及获得其他资助机会（如根据《广泛机构公告》提交建议书）。同时，在第三阶段，其余6个公司的建议书已存入《地面车辆系统其他交易协议》电子数据库，而这些公司也有资格在2023年7月17日之前获得其他交易协议。

4）主要特点

"创新联盟"项目历时大约4个月，在短期内实现了项目的预期目标,"创新联盟"项目通过奖励比赛的形式,提供了一种创新的国防合同竞争方式。

从项目参与对象来看,项目对参与企业和机构的规模与资质等不作要求与限制,只要是设在美国的企业和机构即可参加。创新实体的广泛性、包容性有助于美军从中发现挖掘创新企业、获取创新技术,以及培育创新力量。

从项目的实施过程来看,主办方在每个阶段均可根据参赛对象请求进行复盘,及时反馈对参赛方案的意见和建议,为参赛对象熟悉和把握军队需求、开展方案的持续改进提供了有利契机。而军企之间的紧密沟通也为后续合作奠定了重要的基础。

从项目成果来看,除了 2 家评分最高的公司直接获得交易协议外,其他 6 家也具备在未来 3 年获得其他交易协议的资格。这种一举两得的做法,既可满足陆军举办此次活动的当前能力需求,也为其后期加快建立并保持与创新公司之间的合作奠定了基础,是对其他交易协议合作形式的一次创新的、成功的探索与尝试。

3 装备与科技发展

3.1 火力、机动与防护

3.1.1 远程精确火力

1. 增程火炮

2019年7月15日,美国陆军和BAE系统公司签署了价值4 500万美元的增程火炮(ERCA)"增量1"样炮研发合同,以研发58倍口径身管、自动装弹机和弹丸,并进行离车便携式防空试验。ERCA已被命名为M109A8,它将取代现役最新改进型M109A7的39倍口径身管,大幅提高射程和射速。另外,美国陆军还曾在2018年9月对采用58倍口径身管、配用XM1113火箭增程炮弹的增程型M777A2155毫米牵引榴弹炮成功进行了实弹射击实验,最大射程达到70千米。

2. 精确打击导弹

2019年5月7日,雷神公司对其"纵深打击导弹"项目的先进弹头进行了成功的实验场测试。该导弹用于竞标美国陆军未来遂行"多域作战"的重点研发项目"精确打击导弹"。根据计划,"精确打击导弹"于 2021 财年进入工程与制造研发阶段,2023 财年具备初始作战能力,可由 M270A1 和"海玛斯"火箭炮发射,打击地面和海上移动目标,或投放侦察巡飞弹进行远距离侦察。

3. "战略火力"导弹

在 2019 年 8 月上旬举办的第 22 届年度"空间与导弹防御研讨会"上,洛克希德·马丁公司展示了"通用高超声速滑翔器"1∶1 模型。美国陆军已于 2019 年 9 月初授予洛克希德·马丁公司"通用高超声速滑翔器"3.47 亿美元原型研发合同,启动研发"战略火力"导弹项目,已于 2023 财年部署 1 个装备首批 8 枚导弹的高超声速导弹连,亦称"战略火力连"。该连编配 1 辆采用 7.0 版"阿法兹"先进的野战炮兵战术数据系统的指挥车,4 辆运输发射车(TEL)。TEL 的设计采用 M983A4 车头牵引改装型 M870A1 拖车,拖车上携载 2 部高超声速导弹发射器,导弹长 10 米,直径 0.87 米,采用双发固体火箭发动机和高速滑翔弹头,最大射程 2 500 千米。

3.1.2 巡飞弹

巡飞弹近年来发展非常迅速,并在多次实战中取得了良好的使用效果。纳卡冲突中,阿塞拜疆利用"哈罗普"巡飞弹成功摧毁了亚美尼亚的 S-300 防空导弹系统,得到外界的高度关注。

1. 一般巡飞弹

在巡飞弹研制方面,美国开始了型号的系列化发展。美国雷神公司在"郊狼"巡飞弹的基础上完成 Block2 型和 Block3 型两种改型的研制,其中以"郊狼"Block2 型为核心构建的"咆哮者"反无人机系统于 2020 年 4 月开始交付给美国陆军,而载荷携带能力更强、巡飞时间更长的"郊狼"Block3 型巡飞弹在 2021 年形成了初始作战能力。

美国于 2020 年 5 月完成了"标枪"导弹最新改型的首批生产并列装，新改型配装多用途战斗部，在保留破甲能力的同时，还提升了对人员等目标的杀伤能力。

2. 高超声速巡飞弹

2020 年 6 月，美国陆军披露"复古赛车"超高声速武器概念，这一概念中，超高声速武器将携带一架或多架多功能无人系统，以平均马赫数为 5 的速度穿越防御空域，并在达到目标区域时，释放这些无人系统，执行侦察、目标识别、目标数据传输以及目标打击等任务，报道称该概念已于 2019 年完成了飞行试验。该高超声速巡飞弹主要有 6 个特点：①能以高超声速进入部署区域；②生存能力强，雷达截面积小，特征信号低；③可在目标区域上空长时间巡飞，续航时间为 60～90 分钟；④能执行多种任务；⑤采用模块化载荷；⑥成本适中，单枚巡飞弹作战成本为 10 万～20 万美元。同年 3 月，美国陆军在太平洋导弹靶场试验高超声速导弹，发射的导弹以马赫数为 5 的高超声速飞行数千英里[①]后击中预定目标，导弹距离目标仅 15 厘米。

3.1.3　下一代战车

下一代战车项目是美国陆军第二大现代化优先项目，旨在开发多款有人与无人战车，有人战车涵盖主战坦克、步兵战车、多用途装甲车与火力支援车，无人战车分为轻、中、重三种车型，质量分别在 10 吨、20 吨和 30 吨以下。2019 年 3 月，美国陆军在 2020 财年国会预算申请中，提出未来五年将投资 7.03 亿美元支持下一代战车项目，其中 2020 财年为 1.576 亿美元，2021 财年为 1.516 亿美元，2022 财年为 1.728 亿美元，2023 财年为 0.507 亿美元，2024 财年为 0.447 亿美元。这些资金主要用在支持概念研发、折中研究，经济可承受性

---

① 1 英里 = 1 609.344 米。

分析,并评估下一代战车的概念与设计中。

1. 可选载人战车

美国陆军与科学应用国际公司团队签订了样车研制合同,该合同有效期为7年,价值7亿美元,要求该公司在2022年9月30日前完成两辆演示样车的研制。美国陆军计划于2028财年为其首支部队装备可选载人战车,最终将至多采购3 590辆可选载人战车。

可选载人战车的候选车辆中,CV90MkIV步兵战车和"格里芬"Ⅲ都采用了以色列军事公司的"铁拳"主动防护系统。雷神公司和莱茵金属公司团队将其集成到雷神公司正在研制的"快杀"2.0主动防护系统到其"山猫"竞标平台上。

2022年,可选载人战车仍处于数字工程蓝图开发阶段,2023年进行正式的原型开发。

2. 机动防护火力支援车

火力支援车将采用履带式平台,质量为25~35吨,配备105毫米火炮,装甲防护能力略低于主战坦克,单车目标价格为640万美元,可由C-17"环球霸王"Ⅲ运输机运输。陆军总采购量预计为504辆,每支旅级战斗队装备14辆,首支部队计划于2026财年列装。

2020年,美国陆军第18空降军将海军陆战队轻型装甲车作为火力支援车的替代车型,完成了2次演习。2021财年,该空降军组织士兵对原型车进行评估,并进行有限用户测试,以明确2022财年选择哪家供应商提供的原型车进行生产。

3. 多用途装甲车

多用途装甲车项目总价值预计为50亿~70亿美元。美国陆军计划采购2 936辆多用途装甲车。各车型设计能力包括:通用车有2名乘员和6名载员,采用21世纪旅及旅以下部队作战指挥系统、蓝军跟踪系统等,可通过重新配置运送伤员,也可搭载武器,能够执行后勤护卫、紧急补给、伤员后送和安全等任务;任务指挥车有驾驶员、车长和 2 名操作人员共 4 人,是陆军装甲旅级战斗队网络现代化战略的基础,在 C4 能力、尺寸、质量、功率与冷却方面有显著提升;迫击炮载车有 2 名乘员和 2 名迫击炮炮手,采用 M95 迫击炮火控系统、21 世纪旅及旅以下部队作战指挥系统、蓝军跟踪系统等;医疗后送车有 3 名乘员,可运送 6 名流动伤员,或 4 名担架伤员,或 3 名流动伤员和 2 名担架伤员;救护车有 4 名乘员和 1 个救治台,可救治 1 名担架伤员。多用途装甲车于 2019 年 1 月进入低速生产状态,2023 年下半年开始全速生产,并部分授权给英国宇航系统公司生产。美国陆军计划以每年部署一个旅的速度全面替换 M113 型战车,美军装甲旅中的首批部队将从 2022 财年开始陆续接装多用途装甲车。

多用途装甲车采用新型全焊接铅制车体,并配备爆炸反应装甲以抵御反坦克武器,提供更高水平的防护,车辆内部配备破片衬层和爆炸减振座椅。其电子设备与软件也符合美军互操作标准,能提高战场网络通联能力。同时,车体内部面积相比 M113 型战车增加了近 80%,配备了空调装置,提升了舒适性。

4. 决定性杀伤平台

下一代主战坦克采用先进传感器和轻型复合装甲材料,达到或者超过"艾布拉姆斯"坦克的生存力,并且加强侧面和底部的防护,而质量更轻。"艾布拉姆斯"M1A2D 型坦克上的"战利品"主动防护系统也有可能应用在下一代主战坦克上。

5. 机器人战车

各型机器人战车能力包括:轻型机器人战车质量低于 10 吨,单车能够由直升机运送。轻型机器人能够配装反坦克导弹或无后坐力武器,并利用传感器组件与无人机集成。美国陆军设想,轻型机器人战车是"消耗品"。中型机器人战车的质量将为 10~20 吨,C-130 运输机可以运送一辆机器人战车。中型机器人战车能够配装多枚反坦克导弹、中口径自动炮或大口径无后坐力火炮。美国陆军预计,中型机器人战车将配备功能强大的传感器组件，并能够配装无人机。中型机器人战车是一种"持久"使用的系统，比轻型机器人战车具有更强的生存能力。重型机器人战车的质量将为20~30吨，每架C-17运输机可运送两辆重型机器人战车。预计重型机器人战车将配装用于摧毁敌方步兵战车和坦克的车载武器系统。重型机器人战车还将配备功能强大的传感器套件，并能够集成配备无人机。重型机器人战车比其他机器人战车拥有更强的战场生存能力。

为了开发机器人战车，美国陆军下一代战车跨职能团队和作战能力发展指挥部地面车辆系统中心（GVSC），已经通过士兵进行了多次现地和虚拟试验测试。例如2021年8月，在密歇根州格雷林营的功能演示中，美国陆军对两辆有人战车和四辆机器人战车进行验证测试，证明机器人战车在承担99%危险的情况下，能够成功遂行预定战术任务，包括作为召唤火力实施直瞄火力打击、实施前沿侦察和电子对抗等。目前，地面车辆系统中心正在领导一项虚拟试验工作，重点是获取连级和排级官兵有关（机器人战车）拟议能力和作战概念方面的反馈意见和建议。与此同时，下一代战车跨职能团队正在与佐治亚州本宁堡机动作战实验室合作，组织士兵进行更多次的实验测试。这些试验测试工作将收集士兵的反馈意见和建议，并对下一代战车的需求产生影响，从而打造出"由士兵为士兵设计"的机器人战车平台。美国陆军高层计划从2028财年开始为作战部队装备部署机器人战车。

同时，下一代战车发动机将与160千瓦综合起动/发电机、先进战车传动装置、先进热管理系统、先进模块化电池集成，显著提升车辆的机动性和燃油效率，确保部队能够更快、更灵活地实施机动。发动机功率密度将超过每升66千瓦，比现有战车发动机提高50%以上，燃油消耗降低13%；先进战车传动装置与传统系统相比，具有更好的燃油经济性，燃油消耗降低10%~15%，热效率提高15%以上；先进热管理系统改进平台机动性，包括最大速度提高8%，爬坡速度提高5%，加速度提高5%；先进模块化电池采用的是第二代6T锂离子电池,比第一代 6T 锂离子电池的能量密度提高 1 倍,即从每千克 80 千瓦时提高到每千克 160 千瓦时以上,功率密度提高 50%。

3.1.4 机器人僚机试验项目

2019 年 7 月,美国陆军宣称将对新研制的机器人战车进行实弹射击试验,对未来可能采用的新技术进行演示验证,训练作战人员在战场上使用这些技术。近年来,美国陆军在新型地面无人平台和有人/无人平台协同方面持续进行研发与实验鉴定,使相关技术获得突破。2018 年 10 月 22—26 日,美国陆军"机器人僚机"联合能力技术演示验证(JCTD)项目在本宁堡靶场完成了真实的有人/无人平台协同实弹射击试验鉴定,这标志着美国陆军向有人/无人协同技术的实战化取得重要进展。

1. 机器人僚机项目发展脉络

"联合能力技术演示验证"计划于 2006 年启动,在一定程度上,它可以理解为"先期概念技术演示验证"(ACTD)的"升级版"。国防部的出发点是更加聚焦新系统和新概念的军事效果,推进军事技术发展和武器装备建设,完善作战概念,优化体制编制,使美军赢得全谱优势。基于此,列入"联合能力技术演示验证"计划的项目必须满足 4 个要求:①项目必须在 2～4 年见到成效;②技术开发和验证方法必须能够解决重大军事问题,或实现特定重大能力;③项目技术途径必须达到一定成熟度,能够解决美军面临的现实问题;④每个项目必须具备切实可行的实施方案和管理计划。

2019 年,除美国陆军"机器人僚机"项目外,列入"联合能力技术演示验证"计划的其他项目包括 XQ-58A"女武神"无人机样机演示验证系统、机动无人机分布式杀伤机载网络(MUDLAN)、高带宽抗干扰登陆舰光网络(HALO)低成本弹性通信系统等。这些项目分别瞄准美军某项能力差距和作战需求,以解决特定问题为目标,具有鲜明的针对性、实用性和先进性。

2014财年，美国陆军正式启动"机器人僚机"项目，其最初目的是通过机器人技术开发和试验提高无人战车的自主能力。2017财年，该项目受到国防部办公厅重视，列入"联合能力技术演示验证"计划，目标是进一步拓展并推进有人/无人协同技术开发，通过迭代优化逐渐实现美军需要的自主驾驶车辆控制和人机交互水平。

"机器人僚机"联合能力技术演示验证项目包含两方面工作：首先，将机器人控制、目标捕获跟踪、武器系统集成于无人平台；其次，作战人员驾驶有人平台，现场操作无人作战平台完成实弹射击试验鉴定。美国陆军、海军相关研究机构和工业部门在原有研究成果的基础上，共同开发试验演示验证技术，构建一体化软件在环仿真环境，为成功的技术演示创建试验平台。

"机器人僚机"装备包括一辆有人驾驶指挥控制车和一辆执行联合火力打击任务的武装无人车。指挥车辆载有5名乘员：指挥车驾驶员、指挥车机枪手兼远程先进侦察监视系统（LRAS3）操作员、车长、无人车操作员、无人车机器手。该实验主要演示在昼间和能见度有限的条件下，无论是进攻还是防御态势，使用武器打击战术队列的固定和移动目标的能力。

2. 项目主要进展

自立项以来，基于作战平台和试验平台的技术突破，"机器人僚机"项目先后完成了3次较大规模的试验活动，演示了美国陆军有人/无人平台协同技术的成熟度。

2017年1月27—29日，美国陆军研究实验室、坦克车辆研发工程中心（TARDEC）、海军水面作战中心达尔格伦分部和DCS公司合作完成了软件在环仿真环境的系统集成，为样机的快速开发提供了实验条件。仿真环境支持无人车系统用户界面的设计，增强有人/无人系统团队成员之间的交互，对于实现无人车和自主系统的预期功能非常重要。另外，研究人员还在不需要外场实验的情况下，借助仿真实验平台评估有人/无人驾驶团队的人员互动。

2018年6月,美国陆军在阿伯丁试验中心举行的集成研讨会上总结了"机器人僚机"软件在环仿真开发试验平台的最新状态,包括自主导航和虚拟环境实验室(ANVEL)引擎、Unity3D Wingman软件可执行文件、机器人技术内核(RTK)、自主远程交战系统(ARES)软件、最新版本的作战人员人机界面(WMI),以及可集成远程先进侦察监视系统的操作台。

2018年10月,"机器人僚机"联合能力技术演示验证项目进行了实弹射击实验鉴定。在本宁堡的美国陆军卡尔穆什靶场,5名作战人员乘坐指挥车,控制其"机器人僚机"——经过改装的"悍马"。试验活动包括观摩工程师团队进行的全面实弹演示,以及美国陆军士兵和海军陆战队员的空弹射击、近距离射击和静止实弹射击。

3. 机器人僚机实验平台

仿真实验平台是机器人僚机能力演示的基础。该仿真实验平台采用软件在环设计,通过桌面配置可访问所有相同的车辆软件,支持在其车辆上操作之前进行团队训练。仿真实验平台包括5名乘员的操作台,其中车长、无人车机枪手和无人车操作员分别配备一台作战人员人机界面显示器。

该平台集成了2个不同的仿真系统。一个是自主导航和虚拟环境实验室(ANVEL)仿真系统,主要负责实现自主机动性。另一个是Unity仿真系统,集成自主远程交战系统(ARES)软件,实现具有动态结果(如命中目标)的武器系统瞄准和射击。

1)机器人技术内核

机器人技术内核是美国政府主导设计、拥有知识产权的模块化自主软件,包含一套完整的通用无人车功能,可在多种平台实现自主机动性。基于该技术内核,用户的开发工作可以不断累积,节省成本和时间。同时,新的开发工作能够将新功能反馈到内核,反过来进一步推动该技术的发展。机器人技术内核不仅针对无人平台,也支持对传统有人平台的科技开发。

2）自主远程交战系统

该系统是下一代远程武器站的基础系统之一，能够支持无人地面和水面平台安装直射火力系统，使其成为具有作战效能的武器装备。自主远程交战系统将操作员任务（如瞄准、跟踪和射击控制）分配给平台上的软件系统，克服了当前遥控武器站的有限态势感知和命令延迟等局限性。作战人员将使用自主目标捕获和跟踪系统生成的图像识别目标。实时交战和未来交战都需要获得批准。如果操作员获得批准交战目标，但未满足交战标准，如目标丢失或向非敌方目标射击，则系统将不会交战。如果在稍后的时间满足标准，则需要操作员重新申请批准。适当分配这些任务将使作战人员能够以机器的速度作战（超越人类反应时间的限制），操作员的注意力只需集中在交战决策上，不用过多关注瞄准和发射武器的细节。具体而言，自主远程交战系统可实现三种自动交战功能：一是通过视频联动、基于视频的自动目标探测以及用户选择目标来缩短目标捕获时间；二是通过视频跟踪和用户辅助火控，使武器系统始终瞄准目标，缩短交战时间；三是系统在用户切换目标并扣动扳机的过程中保持瞄准状态，克服无线控制延迟，解决传感器到射手的延迟问题。

3）自主导航与虚拟环境实验室

自主导航与虚拟环境实验室是无人车技术和应用程序的专用虚拟仿真工具，实现了一个模块化的"虚拟实验场"，可通过交互、可视的方式开发和实验无人车技术。该工具可仿真车辆运行中的各种变量，如物理机动性和传感器建模。"机器人僚机"项目将自主导航与虚拟环境实验室作为高级开发工具，用于基本自主行为实验、功能实验、与作战人员人机界面集成、新的传感器和传感器位置的研究。

4）Unity 引擎

Unity 引擎是 Unity 技术公司开发的跨平台游戏引擎，能够与多种不同应用程序接口配合使用，如 Direct3D、OpenGL、OpenGLES 以及视频游戏机上的专用 API。用户根据需要基于 Unity 引擎构建动态虚拟环境，用于试验"机器人僚机"的武器瞄准和射击规程。

5）作战人员人机界面

作战人员人机界面是乘员与车辆软件之间进行交互的用户界面。它基于开放源代码 Qt 框架构建，内置一个自定义窗口部件库。车辆乘员通过该界面可以实现特定功能，可以用配置文件自定义各操作台的功能、视频流、可用控件和状态、默认单位（公制/英制）、默认图层颜色等。机器人战车机枪手专注于无人车杀伤功能，主视图显示武器视频、武器控件和武器状态更新。无人车操作员主要以摄像机和地图为参考，而车长可以随时访问所有视频内容。

机器人技术内核、自主远程交战系统、自主导航与虚拟环境实验室、Unity 引擎、作战人员人机界面构成了"机器人僚机"仿真实验平台的核心框架，其性能已经在技术能力演示中得到验证。2018 年 6 月，美国陆军确定了仿真实验平台未来的三个主要发展领域：更新仿真环境、改进数据收集和开发行动后回顾技术。

3.1.5 自主多域发射车

2022 年 8 月，美国陆军披露了"自主多域发射车"的更多细节。"自主多域发射车"是在"海玛斯"火箭炮的基础上，对其硬件和软件进行改进，以实现远程控制和自主操作；其概念样机配装炮塔，可发射制导火箭弹和"精确打击导弹"，最终版将换装新型发射器，以增强火力。在 2021 年的测试期间，美国陆军利用"自主多域发射车"发射了 7 枚模拟的"精确打击导弹"，在战场上与有人驾驶的"海玛斯"火箭炮一起作为有人－无人编队使用。"自主多域发射车"应用"僚机"概念扩展战场能力，增加了携弹量，延长了作战时间，标志着美国陆军战场技术的里程碑式转变。

3.1.6 未来垂直起降飞行器

1. 未来远程突击直升机

未来垂直起降飞行器跨职能小组于2020年1月透露,将于2022年选定未来远程突击直升机(FLRAA)的主承包商。2020年3月16日,美国陆军选中V-280"勇敢者"原型机和SB-1"挑战者"原型机,分别授予贝尔公司和西科斯基公司0.84亿美元和0.97亿美元的合同,开展未来远程突击直升机竞争性演示和风险降低工作,包括初始概念设计、使用系统工程模型进行需求可行性论证研究等。未来远程突击直升机计划于2030年开始列装,预计将服役至2080年。V-280于2019年12月和2020年1月各进行一次自主飞行试验,并达到了在灵活性和飞行速度方面的所有性能指标。从2017年12月首飞实验至2020年1月,7名试飞员共对V-280进行了160小时的飞行试验,单次飞行试验达到的最大航速为300节(每小时555.6千米)、最大航程为300海里(每小时555.6千米),实现了2克的加速转向和11 500英尺(3 505.2米)的爬升。与V-22B"鱼鹰"倾转旋翼运输机不同的是,V-280没有旋转发动机和尾桨。SB-1"挑战者"原型机2020年2月在佛罗里达州西棕榈滩进行了首次公开飞行试验,试验中使用不到30%的发动机功率,速度达到140节(每小时259.3千米),最高能达到200节(每小时370.4千米),机体倾斜角达到45度。在2020年6月9日的飞行试验中,SB-1"挑战者"在使用不到50%发动机功率的情况下速度达到205节(每小时379.7千米),希望近期达到250节(每小时463千米)。该机至此已进行18小时飞行试验、20小时地面滑行试验,113小时推进系统试验台试验,并实现了3 048米的升限。在2020年10月12日的飞行试验中,该机在使用约2/3的螺旋桨扭矩和发动机功率的情况下,平直飞行速度达到211节(每小时390.8千米),下降飞行速度达到232节(每小时329.7千米），未能实现前述"近期达到250节"的目标。截至此次实验，该机已进行23小时飞行试验、138小时推进系统试验台试验和1 500小时系统集成试验室试验。

2. 未来攻击侦察直升机

2019年4月，美国陆军向西科斯基公司、贝尔公司、波音公司、卡拉姆飞机公司和AVX飞机公司授予未来攻击侦察直升机竞标样机（FARA-CP）的研发与试验合同，并已于2020年3月25日选中西科斯基公司和贝尔公司的竞标样机作为未来攻击侦察直升机的原型机进行研发；同时，美国陆军要求这两家公司继续按合同研发其竞标样机，并于2023年11月进行飞行试验，然后从中选出一家公司继续进行研发，2028年开始列装未来攻击侦察直升机。

西科斯基公司的竞标方案S-97"突袭者"（Raider）是在其X2技术验证机的高速旋翼基础上研制的一种新型高速直升机，该机从2011年开始研制，到2014年制成首架原型机，至2015年5月成功首飞。该机采用刚性共轴双旋翼设计和尾部推进螺旋桨及并列式座舱，能够搭载6名乘员和相关武器。2018年7月，S-97"突袭者"的第2架原型机成功试飞，最大速度为每小时480千米。S-97于2019年6月在佛罗里达州西棕榈滩再次试飞成功，且首次向媒体公开展示了其高机动性。该机采用的X2技术验证机迄今为止已实现或展示的技术性能包括：最大速度超过每小时463千米；最大飞行高度超过9 000英尺（2 743米）；低速和高速的机动倾角超过60度；多飞行员验证的ADS-33B（航空设计标准）一级操作特性；飞行控制的优化和减震性能。S-97的主要特点包括：①性能卓越，借鉴了X2的旋翼性能，包括高响应性的机动性，增强的低速悬停、离轴悬停及水平加速和制动性能；②敏捷数字设计，借鉴洛克希德·马丁公司在CH-53K、CH-148直升机等使用的先进数字设计和制造技术，可使陆军在降低采购成本的同时，实现快速和经济可承受的升级改进，以应对不断发展的威胁；③适应性强，基于模块化开放式系统架构的航空电子设备和任务系统，可为计算、传感器、生存力和武器提供"即插即用"选项，使杀伤力和生存力、作战任务定制和竞争性采购受益；④可持续性/可维护性，旨在通过利用新技术从例行维护和检查转变为自我监控和基于状态的维护，降低运营成本，提高可用性，减少维护频度并实现灵活的维护作业时间；⑤升级/任务灵活性，面对未来和不断发展的威胁，其借鉴的X2复合共轴技术具有很好的改进潜力和增长余地，有利于未来提高该机的飞行速度、作战半径和有效载荷。

贝尔公司的竞标方案是水平固定翼加旋转主翼的贝尔360"不屈"（Invictus）原型机。该方案以其民用贝尔525直升机为基础，将使用成熟的低风险技术，以期研发一种价格合理、敏捷、态势感知能力和杀伤力强的未来攻击侦察直升机，其关键性能包括：升力分担水平固定翼可减少旋翼在前飞中的升力负担以实现高速机动性；补充动力装置可在高功率需求时提高性能；主旋翼具有高旋转能力可实现高速飞行；线传飞控系统综合技术可减少飞行员工作负担并提供自主飞行能力；最大速度超过每小时342千米，作战半径250千米，飞行时间超过90 145分钟；能实现4k/95F悬停地面效应；可配备20毫米口径航炮、可整合空射效应综合弹药发射器、未来武器以及现役弹药；可提供增强的态势感知和传感器技术；采用数字骨干网技术支持模块化开放式系统架构，其设计尽可能集成全寿命周期支持功能，可确保多域作战中高作战节奏的可用性；采用设计制造一体化制造模型和数字线程工具，可提高全寿命周期经济可承受性、可靠性和培训保障。

3. 未来战术无人机

从2020年4月开始，美国陆军未来司令部已选定4个旅战斗队，对大角星无人机公司、洛克希德·马丁公司、达信系统公司、L3哈里斯公司研发的未来战术无人机样机进行为期至少6个月的实验，目的是通过在作战训练中心轮流进行充分的实兵操作，最大程度获取全面真实的可用于后续研发的反馈信息，这是美国陆军当前新装备研发最重要的标准之一。

2020年4月7日，第1机步师第1装甲旅战斗队在士兵能力评估中，对未来战术无人机的首个候选样机——大角星无人机公司的"跳跃"20无人机进行了首次士兵操控飞行。"跳跃"20是参加评估的尺寸最大的无人机，重约95千克，翼展约5.5米，但其声学信号特征却较少。该无人机还能以最少的地面支援设备从狭窄区域发射和回收。

未来战术无人机的另一个候选样机是洛克希德·马丁公司研制的由无人机、控制系统和小型天线组成的"V-蝙蝠"垂直起降无人机，其控制系统可安装在笔记本电脑内执行监视侦察和目标定位任务，曾于2018年5月参加美国陆军在德国进行的"联合作战评估"演习，演示了识别敌方5辆坦克并将信息中继给其他作战部队的能力，未来还将演示为作战部队提供目标瞄准的能力。"V-蝙蝠"不仅可在恶劣环境下不依赖跑道垂直起降，还能通过弹射轨道或机载标准武器投放系统起飞。该机使用丙烷燃料电池，可飞行8小时或以每小时56千米的巡航速度飞行4小时，巡航飞行时的噪声非常低。该机只需两人操控，质量约为11千克，翼展约3.7米。2020年6月1日，第101空中突击师第2旅战斗队第39旅工兵营D连对该机进行了首次飞行试验。

根据计划，达信系统公司的混合四旋翼（HQ）小型无人机由第2机步师第1旅战斗队进行士兵能力评估，L3哈里斯公司的无人机样机由第1装甲师第3装甲旅战斗队进行士兵能力评估。

4. 机载空射无人机

2020年8月12日，作战能力发展指挥部发布新型空射多功能（包括侦察、干扰、诱骗、电子战和自杀攻击等功能）无人机，即ALE无人机及相关技术信息征求书；ALE无人机将集成至现役和未来直升机/无人机平台上进行半自主协同作战，并有望作为一个完全自主的网络化蜂群遂行作战任务。信息征求书将ALE无人机分为大小两型：在续航能力方面，陆军希望大型 ALE 无人机质量为 175~255 磅，至少能以 75 节（每小时 129.64 千米）的速度飞行，最大航程 350 千米（理想目标 650 千米），续航时间 30 分钟（理想目标 1 小时）；小型 ALE 无人机的质量为 50~100 磅，能以 30 节（每小时 55.56 千米）的速度飞行 100 千米（理想目标 150 千米），续航时间至少 30 分钟（理想目标 1 小时）。在最大飞行速度方面，陆军希望两型 ALE 无人机都有更高的"冲刺"速度，能够迅速到达指定区域或从一个区域转移到另一个区域：大型 ALE 无人机在短距离冲刺时应能达到 350 节（每小时 648.2 千米），最大 600 节（每小时 1 111.2 千米），小型 ALE 无人机则需要达到至少 120 节（每小时 222.24 千米），最大 205 节（每小时 379.66 千米）。

信息征求书提出，ALE 无人机应能至少执行"探测、识别、定位、报告"（DILR）任务中的一项核心任务。执行 DILR 任务的 ALE 无人机至少是无源类型，有效载荷包括光电或红外成像摄像机或传感器，以探测并定位对手从通信系统、雷达或其他信号发射器发出的电磁辐射的位置；有源类型 ALE 无人机将配备雷达成像系统，可产生静止图像和全动态视频，并能跟踪移动目标；同时，其还具有地面测绘功能。信息征求书将大量电子任务集合在被称为"诱饵/干扰"的广泛类别中，包括充当诱饵迷惑对手防空系统的 ALE 无人机，以及发起各种电子战、网络战和导航战攻击的 ALE 无人机。侦察型和干扰型 ALE 无人机应能协同工作，通过非动能攻击定位并消除威胁。大型有人/无人机及军舰和陆基防区外武器（包括未来高超声速武器）都可利用 ALE 无人机提供的信息，对敌综合防御和指挥控制网络进行攻击。大批自主或半自主 ALE 无人机还可进入高风险地区，寻找时敏目标或其他高优先级目标。总之，ALE 无人机蜂群可致盲敌方防空系统，干扰敌方通信链路，从而颠覆敌方防御态势。

在现有已知小型无人机中，美国艾里尔埃公司的阿尔蒂乌斯-600 与 ALE 无人机的要求比较接近。阿尔蒂乌斯-600 续航时间为 4

小时，巡航速度达每小时 101 千米，最大航程 420 千米。2020 年 3 月，航空与导弹中心技术研发部使用"黑鹰"直升机在低空悬停状态下对该机进行空中发射，首次对该机进行了初始飞行试验。该机可折叠装进管状容器，管状容器可挂载在直升机或 C – 130 运输机等固定翼飞机上。该机在空射过程中并不是向前发射，而是从管状容器中向后弹出，打开尾部翼面和螺旋桨后，开始进入自主飞行状态。该机以实时收集情报为最终目标，可用手持遥控装置手控飞行，也可通过地面控制站编程控制飞行，且可回收，发射后一旦稳定，就会展开机翼，可在任何相对平坦的表面着陆。该机的特点是可低空飞行也可高空飞行，体积小、成本低、生存能力强；其缺点是最大任务载荷只有 2.7 千克，执行任务能力受限。ALE 无人机将由未来攻击侦察直升机携带到任务区域后，由机载通用发射管发射，发射高度为距地面 91 米以内，并与未来攻击侦察直升机协同作战，执行目标探测、干扰、诱骗和打击任务，扰乱对手防空系统，使己方平台能在战场安全飞行。美国陆军希望该机具备集群作战能力，能以 6 架无人机编队作战，并能与其他无人系统交互信息和联合作战。

3.1.7　一体化防空反导项目

美国陆军一体化防空反导项目主要包括：通用任务指控中心、综合火控网络和通用即插即用接口套件。作战人员可以利用通用任务指控中心内的一体化防空反导指控系统，将传感器数据融合形成特定空域单一的、综合的空中和导弹威胁态势，然后选用最合适的武器拦截包括弹道导弹、巡航导弹、有人飞机、无人机和空对地导弹等在内的威胁目标。综合火控网络构建连接传感器和拦截武器，以及通用任务指控中心的网络，用于传输信息和火控指令等。通用即插即用接口套件则是将现有的和未来的防空反导要素接入综合火控网络的关键设备。

该项目经历了长期的发展。2006 年 8 月，美国陆军成立了一体化防空反导项目办公室，为未来的防空反导作战提供作战指控系统。2008 年 9 月，项目办公室分别授予诺·格公司和雷神公司研发小组为期 11 个月、价值 1 500 万美元的第一阶段研发合同。2009 年 12 月，诺·格公司的团队获得了项目第二阶段的合同，为期 5 年，价值 5.77 亿美元。自此，美国陆军便开始了对该项目长达十余年的研发历程。虽然 2010 年 8 月，首套硬件设备即交付美国陆军，初步完成了原型系统样机设计并预计 2014 年装备部队，但是该项目的后期发展却充满坎坷。

2015 年 5 月，美国陆军在白沙导弹靶场首次利用一体化防空反导指控系统进行拦截弹道导弹目标实验并获得成功，11 月成功进行了第二次实验，"爱国者 - 3" 导弹首次成功拦截了巡航导弹靶标。2016 年 4 月，项目发展遭遇重大挫折，在关键的有限用户测试中暴露出大量严重问题，项目出现重大危机。经过一年多的艰难整改，于 2017 年 8 月完成持续三周的以士兵为中心的实验，实验结果显示目前系统性能优良、易于使用，在之前实验中发现的软件兼容性和可靠性等问题均得到了圆满解决，达到了项目的重要里程碑。

2018 年 3 月，美国陆军在"多节点分配"实验中对该系统进行了压力测试；同年 8 月，美国陆军组织进行了为期 5 周的测试，验证了该系统远程规模化、网络化作战能力。2019 年 5 月，诺·格公司向美国陆军交付了首个已完成主要配置项目并进行了系统所有功能配置验证审核的交战指挥中心样机，而该样机将用于随后组织的初始作战试验和评估。

2019 年 8 月，美国陆军利用一体化防空反导作战指控系统引导"爱国者 - 3"系统成功拦截巡航导弹，验证了指控系统软硬件成熟度，以及与"爱国者 - 3"系统和"哨兵"雷达之间的互操作性。2020 年 7 月 7 日到 9 月 12 日，美国陆军进行了新的有限用户测试，期间在 8 月 13 日和 20 日共进行了两次实弹拦截测试并获得了成功。该次有限用户测试的主要目标包括：验证中继设备被干扰掉线的情况下是否对下一个设备存在失效影响；验证同时应对不同方向两种类型目标的能力；验证依靠实验中拦截几何关系设计及拦截时序来实现通过残骸碎片攻击目标的能力。该系统的测试成功标志着项目为完成重大里程碑 C 决策，即转低速率生产和装备试验做好了技术准备。

2022 年 4 月，美国陆军开始对其一体化防空反导系统进行初始作战实验，包括软件建模和仿真、模拟针对空中威胁的实战等，以全面评估其在现实作战环境中的功能，确定其能力和局限性。传感器、武器和通用任务指挥能力被集成在一个综合火控网络中，射手与传感器间的连接设备在此次实验中也得以检验。当时，美国陆军预计将在 2022 年年底获得初始作战能力并进入全速生产阶段。未来，一体化防空反导作战指控系统的采办使用维护费用预计为 44 亿美元，且持续至 2049 年。

2022 年 10 月，美国雷神公司宣称，低层防空反导传感器雷达系统将于 2023 年年初完成原型机试制。这是一款主动电子扫描相控阵雷达，是陆军未来一体化防空反导系统架构中的关键组成传感器，用于探测并跟踪巡航导弹、战机和无人机。美国陆军希望用它取代"爱国者"系统的雷达传感器，并在 2023 年年底形成初始战斗能力。美国陆军与雷神公司签订的合同于 2019 年生效，价值 3.83 亿美元。

3.1.8　主战装备升级与列装

新装备研制周期长，成本连年上涨，这使作为世界头号经济强国的美国都感到难以承受。有国防部高官曾感慨，以这样的趋势发展下去，未来一年的国防预算仅够买下一架战斗机。而当前，美军拥有大量性能优越的机械化武器装备，存在与未来高度信息化地面平台协同使用的巨大潜力。

2021 年 7 月，美国陆军第 1 骑兵师第 3 装甲旅战斗队第 8 骑兵团第 3 营在得克萨斯州胡德堡接收首批 M1A2C"艾布拉姆斯"主战坦克，成为美国陆军第一支装备最新型"艾布拉姆斯"主战坦克的部队。M1A2C是M1A2SEPv2"艾布拉姆斯"主战坦克的现代化升级型，总体布置与M1A2基型坦克类似，驾驶员位于车体中部前方位置，炮塔位于车体中部，动力组件位于车体后部。配备1门M256式120毫米滑膛炮，可发射M829E4第五代动能反坦克弹药，具有远程打击重型装甲武器的能力；配置弹用数据链，可与火控系统通信；主炮右侧安装1挺M240式7.62毫米并列机枪，炮塔配有1个低轮廓通用遥控武器站。车体和炮塔集成新型装甲组件，可提供更高的防护能力，还可配置爆炸反应装甲和"格栅"装甲。采用有装甲防护的发电机组，当车辆静止时可利用小型发电机代替主发动机驱动炮塔，节省燃油，提高燃油效率。配备可用于电子战的全新改进型智能电子设备，以及用于目标识别的改进型前视红外设备，炮手主视距设备和车长独立热像仪中的改进型前视红外设备采用长波和中波红外技术，大幅提高目标捕获和识别能力，缩短打击时间。8月，该坦克营进行了M1A2C主战坦克首次实弹射击试验。此外，每辆坦克内部配有一个嵌入式训练机，士兵可在坦克静止时重复练习，无须行驶即可进行模拟训练。M1A2C"艾布拉姆斯"主战坦克的火力、生存力、可维修性、燃油效率、发电量以及网络通信能力获得显著提高，与德国"豹"2A7主战坦克性能接近，规模列装后将大幅提升美国陆军装甲突击能力。

2022年8月，美国陆军完成了最新UH-60V型"黑鹰"通用直升机的作战测试与评估。该型直升机的升级内容包括为机型配置最新的数字化座舱，使其任务系统能够与其他高度数字化的机型、平台和系统无缝融合。该项目最早于2019年9月开始进行作战测试，但屡次出现软件可靠性问题，导致到2020年夏天方才进行第二轮测试。当前，UH-60V已达到较高的成熟度。美国陆军计划未来每年将48架老款UH-60升级为V型机。当前，美国陆军装备约有760架UH-60。

3.1.9 新型弹药研发

1. 智能制导弹药

在远程精确火力项目群中,美国陆军正在开发适用于极端环境(包括电磁环境)的弹药能量学技术、推进技术、飞行技术和战斗部技术。2020 年,先进捷联制导技术已经达到 4 级技术成熟度,可利用先进的图像处理算法实现弹体与飞行控制。利用先进捷联制导技术开发的智能制导弹药能够在弹药飞向目标时运行先进算法,利用弹载传感器、处理器和致动器在初始制导和飞行中段改变飞行路径来提高弹药的射程和飞行速度。该技术将使陆军弹药具备更大的机动性,能够快速突防,有效规避拦截系统,打击移动目标。这对于确保美国陆军在陆地、海上和空中的作战优势至关重要。该项技术有望在未来 10~15 年投入使用。

2. 3D 打印弹药

随着 3D 打印技术的快速发展,其在装备研制等领域已得到广泛应用。利用 3D 打印技术制造推进剂和火箭发动机可实现更快的炮口初速和更远的射程,利用 3D 打印金属材料可增强弹头的穿甲能力,利用 3D 打印制造的传感器和引信体积更小,对恶劣环境的耐受力更强。美国陆军已经开发出聚合物和超强钢 3D 打印技术,并在半球结构上打印出了世界上第一个三维混合微控制器电路。这将变革弹药的引信和传感系统设计,减轻弹药重量并节省引信和传感系统所占用的空间,提高下一代弹药的抗高过载能力。该进展是美国陆军研究实验室评选出的 2020 年度最重要的十大科技成果之一。

3.2 感知认知

美国陆军高层高度重视"深度感知"对于未来作战的重要性。在美军重心转向印太地区的情况下，陆军正在寻求从更远的距离更精确地识别、监视、瞄准和打击对手的方法。他们认为，2030年美国陆军的首要军事任务是能够在战场的各个层面上超越对手，实现更深入、更持久的观察和感知。这项工作的关键是陆军正在开发的一系列态势感知工具，包括：地面层系统，可为士兵提供网络和电子战援助；配备先进传感器的机载高精度探测系统，能够集中和加速数据的收集、解析以及分发的战术情报目标访问节点等；针对士兵的其他支撑工具。

3.2.1 地面层系统

美国陆军正在开发的地面层系统（TLS）是其首个综合信号情报、电子战和网络作战能力的系统，其可探测、识别、定位、利用和破坏感兴趣的敌方信号，为作战人员提供关键的态势感知，为部队提供保护。TLS从大到小包括扩展型、大型、小型和便携式TLS。扩展型TLS是师、军级资产（简称TLS–EAB），大型TLS是旅级资产（简称TLS–BCT），安装在"斯特赖克"装甲车上，未来有可能配装新型装甲多用途战车，小型TLS可能仍安装在车辆上，但体积较小。美国陆军首先开发部署的是TLS–BCT。

2020年4—5月，洛克希德·马丁公司和波音数字接收机技术公司分别获得了TLS–BCT原型的第一阶段的开发合同，第一阶段的合同将持续16个月，包括在2020年7月初进行的初步设计审查和单元测试，美国陆军最终将选择其中的一个供应商。2022年7月，洛克希德·马丁公司获得了美国陆军5 890万美元的采购订单，包括3套TLS–BCT原型。

美国陆军同时也在考虑旅以上梯队的能力，即TLS–EAB，以填补TLS–BCT和其他只关注旅级梯队系统的能力空白。TLS–EAB将解决大规模战斗行动中的几个空白，包括深度感知以帮助在反介入/区域拒止环境中瞄准敌方系统，并进行远程侦察。它还将为多域任务部队的情报、信息、网络、电子战和太空营内的信号情报和电子战团队以及在师和军级的信号情报和电子战营提供能力。TLS-EAB 将由两个子系统组成,一个用于远程收集、电子支持和效应;另一个用于防御性电子攻击。TLS-EAB 能与其他侦察系统连接,以缩短传感器到射手的时间线,这涉及将敏感数据从传感器快速传递到采取行动的平台或个人,其中包括战术情报目标接入节点(TITAN);多域传感系统;TLS-BCT;EWPMT;MFEW-AL 和综合战术网络。TLS-EAB 预计在 TLS-BCT 之后部署,美国陆军总共将装备 67 套 TLS-EAB。美国陆军情报、电子战、传感器办公室表示,美国陆军对组建的新作战部队进行了重新设计,每个新组建的作战旅都将包含一个电子战排和一个独立的信号情报/网络支援小组。另外,上述两个小型作战团队都将配装新型 TLS-BCT。此外,美国还计划建立师级、军级电子战编队,并为其配装 TLS-EAB。

至于 TITAN 系统,2021 年 1 月,雷神公司和普兰迪尔公司都中标了美国陆军的合同。该合同为期 12 个月,价值均为 850 万美元。第二阶段将持续 14 个月,重点是完成系统原型设计,最终选定供应商。后续还有第三和第四阶段,被选中的公司将完善原型并进行系统集成。尽管 TITAN 系统在几次"会聚工程"作战实验中一般都从太空渠道获得数据,但原型研发目的却是接受所有领域运行的平台传感器数据。美国陆军希望它能够成为部队可用的可拓展机动平台,提供跨域跨操作的态势感知。

3.2.2 机载情报监视与侦察能力

2019 年 4 月 8 日,美国陆军发布"高高度机载情报监视与侦察(AISR)"项目信息征询,旨在进一步升级其机载情报监视与侦察能力。此次信息征询的内容主要包括两个领域:一个是专用电子任务飞机(SEMA)。具体要求包括具备高高度、深度感知能力(门限大于 150 千米,目标大于 300 千米),以便定位、跟踪和识别各种目标

（战斗车辆大小），并能够通过美国陆军战术网络支持远程精确火力（LRPF）瞄准。另一个是在未来演习中完成传感器性能评估。主要是"防御者－欧洲"（2020年春）与"防御者－太平洋"（2020年秋）演习。主要AISR传感器包括电子情报（ELINT）、地面移动目标显示/合成孔径雷达（GMTI/SAR）、通信情报、网络电子战，以及各种高精度、长距离空中信号情报天线与阵列。总体目标是评估AISR传感器在真实任务高度和防区外距离上，应对各种真实、典型威胁系统的性能，包括各种电磁频谱（尤其是HF－SHF频段）的算法技术。

被重点关注的一些技术能力还包括：工作高度为40 000~51 000英尺（12 192~15 544.8米）内提供记录数据并支持飞行后处理、利用与探索分析能力。在"防御者－欧洲"演习中，瞄准数据采用美国陆军分布式通用地面系统（DCGS－A）传递。其单次飞行时间超过8小时。

对直升机而言，加强陆航直升机在低可视度环境下的态势感知能力也是美国陆航装备建设的重点。2020年第三季度，美国陆军授出低可视度环境（DVE）引航系统全速生产交付合同，未来列装后将有效提升现役直升机平台态势感知能力。

低可视度环境引航系统能够使飞行员在能见度欠佳的环境（如雾、尘土）中，执行正常的飞行作战任务。该系统由光学摄像头、雷达等多种传感器组成，且传感器的数量和类型均可灵活选配。通过多型传感器的综合应用，系统具备光学检测、雷达测距等多种功能模式，能够将多传感器数据融合形成的图像显示在座舱显示器上，使飞行员准确掌握环境态势信息，提升陆军航空装备的生存力和战斗力。该系统的研发厂商美国内华达山脉公司（Sierra Nevada Corporation，SNC）表示，低可视度环境引航系统可用于美国陆军的"支奴干"运输直升机、"黑鹰"直升机和其他垂直起降平台中。

3.2.3　美国陆军综合视觉增强系统

2022年10月10日，美国陆军宣布接收三个版本的"综合视觉增强系统"（IVAS），分别为IVAS1.0、IVAS1.1、IVAS1.2，从而实现系统的迭代升级。IVAS旨在提供改进的态势感知、目标交战和必要的知情决策能力，而"以战胜当前和未来的对手"是美军谋求数字化战争胜利的关键。

IVAS整体由美国陆军未来司令部牵头设计，微软公司负责具体研制工作，是美国陆军35个现代化项目之一。全套IVAS由头部组件（护目镜、传感器）、可背负式单兵计算机、交互系统、三片柔性可穿戴电池、可插入镜头（RGB镜头）、深度镜头、眼球追踪镜头组成。IVAS的控制面板位于士兵胸部，外壳设置"触觉参考点"，士兵无须观察便可找到正确的按钮。

IVAS将高分辨率夜视仪、红外传感器、车载传感器集成至"平视显示器"上，为士兵提供信息共享、热成像面部识别、文本翻译、混合现实训练环境、态势感知工具等，使其可以在同一个平台上实现作战、训练、演习。该系统的交互系统可实现人与IVAS、IVAS与IVAS、IVAS与中枢节点或武器装备之间的交互，实现物联网技术在战场上的应用。IVAS1.0版和IVAS1.1版外形相似，具有"被动定位"功能；IVAS1.2版具有新的微光传感器和硬件系统，质量将减至1.29千克或更低。

2018年11月，美国陆军与微软公司签署了价值4.8亿美元的合同（为期2年），旨在研制"综合视觉增强系统"，提高士兵的"杀伤力、机动性和态势感知能力"。投标文件显示，IVAS不同于微软公司的"全息眼镜"（HoloLens），具备夜视、热传感以及监测士兵呼吸、眼睛运动、瞳孔扩张、心率等生命体征的功能。

2019年3月，微软公司向美国陆军交付50套IVAS"能力集1"（CapabilitySet1）眼镜；该眼镜在微软公司"全息2"商业增强现实眼镜的基础上重新设计了软件系统，增加了红外热成像仪。同年10月，美国陆军对300套IVAS"能力集2"（CapabilitySet2）眼镜进行测试：研发人员将陆军通用导航和通信系统集成到眼镜中，可实现无Wi-Fi通信。2020年夏，微软公司交付600套IVAS"能力集3"（CapabilitySet3）眼镜，保留了前代产品的主体架构和零件。同年秋，微软公司交付1 600套IVAS"能力集4"（CapabilitySet4）眼镜。

2021年3月，微软公司与美国陆军签订价值21.8亿美元的采购合同，要在10年内为美军生产超过12万套的IVAS设备，这标志着IVAS从原型开发阶段进入生产和快速部署阶段。同年6月，美国陆军宣布扩大IVAS应用范围，为空降兵提供先进的实景增强技术支持，提高其任务执行过程中的有效性和安全保障性。2022年9月，美国陆军开始接收首批5 000套IVAS并制订部署计划，但这些设备是IVAS的早期版本，未来需要进行软件升级。2022年10月，美国陆军宣布接收三个版本的IVAS。其中，2023财年接收IVAS1.0版、IVAS1.1版各5 000套。至2025财年，IVAS1.2版将投入使用。

2020年10月，美国陆军对综合视觉增强系统进行了野外测试，当时计划最早在2021年年底开始正式装备步兵、侦察兵和工程师装备，预计覆盖陆军近一半的近战部队。此外，海军陆战队也有望装备这种新的单兵信息系统。

2022年8月24日，美国陆军"斯特赖克"旅战斗队举办了为期2天的演习，重点演示IVAS与"斯特赖克"装甲车和士兵作战装备结合的效果。通过IVAS的"360度情景感知功能"与车上摄像机，车内士兵可360度全方位排查周围环境中可能存在的爆炸装置等危险，实时定位其他车辆并追踪其移动轨迹，增强了战场态势感知能力。

除用于战斗外，IVAS还作为混合现实系统使用，用于战术合成训练，可以帮助训练系统更好地向士兵展示作战区域的情况。该系统还可以作为一个单纯的虚拟现实显示器，向士兵展示由计算机生成的虚拟图像。2021年3月，美国陆军表示，IVAS"利用增强现实和机器学习实现逼真的混合现实训练环境，因此，可在与任何对手交战前进行演练"，使作战人员更安全，作战效率更高。

美国陆军希望IVAS未来能够成为综合士兵系统的核心，通过自适应班组架构将AN/PSQ-20融合夜视镜（增强型夜视镜）第三代产品、单兵武器瞄准镜等各种士兵电子信息装备连接起来，增强士兵的探测、决策和交战能力。通过与下一代班组武器的火控系统的集成和协同，综合视觉增强系统，将显著提高士兵的攻击能力，在加快反应速度的同时提高射击精度。

3.2.4 同一世界地形系统

同一世界地形（One World Terrain，OWT）是由美国国防部和陆军共同资助、陆军主持研发的三维地形制作系统，旨在创建类似于"谷歌地球"的军用数字地球，提供格式统一、访问便捷、随需更新的亚米级分辨率全球高精度三维地形数据，快速生成三维地图，为部队构建可精准再现各类真实作战环境的高保真虚拟环境，满足开展军事模拟训练的需求。目前OWT已具备初始服务能力，应用范围逐步向任务规划、精确打击、作战指挥等领域拓展，数次在陆军远征作战任务及重大演训活动中发挥重要作用。

1. 来源

长期以来，美军各系统使用的地形库各异，普遍存在建库周期长、成本高、重复使用率低、数据精度低、现实性差等共性问题，难以满足联合作战训练需求。针对上述问题，美国陆军在2013年启动OWT项目，提出制作、存储和提供统一的亚米级分辨率全球三维地形数据，作为未来陆军各类训练系统的通用基础地形数据。2016年，美国陆军发布"合成训练环境（STE）构想，计划基于商业标准的开放架构，聚合原本分散、孤立的各类实兵训练系统、模拟训练系统与构造仿真系统，根据具体需求和想定，快速构建接近真实战场的训练环境与场景，以满足电子战、网络战、太空战、超大规模城市作战等新兴作战样式模拟训练的需求，为部队开展多域战术与指挥训练以及多层级、跨要素联合演练提供保障。OWT 被纳入其中，作为合成训练环境的核心组件，成为多系统互联互通的关键，在美国陆军大力推进合成训练环境建设的过程中得到了快速发展。

2. 能力

1）全球地形保障

依托美国陆军网络和商业云，为分布在全球范围内不同需求、不同层级终端用户（特别是战术级用户）提供安全、便捷、快速的米级、亚米级甚至厘米级（数据分辨率最高可达 215 厘米）地形数据存储与分发服务。

2）三维地图制作

以美国陆军现有数据和商业数据为基础，利用无人机等采集设备和专用数据处理软件，快速获取并处理目标区域的影像数据，实现标准化三维地形快速重建，将制作特定目标区域三维地图的时间从数月、数周缩短至 72 小时甚至数小时内。

3）虚拟环境构建

OWT 采用 BISim 公司提供的 VBSBlue 三维地形渲染引擎和 "所见即所得" 的 VBSGeo 地形编辑工具，可结合不同地表类型、植被特征、生物群落特征数据，创建高保真虚拟环境，直观、准确地呈现复杂的真实环境。

3. 研发与应用情况

按照美国陆军计划，OWT 项目建设包括三个阶段，合同总价值近 9 500 万美元。目前第二阶段建设任务已完成，该系统已作为通用地图组件在全陆军范围内推广部署，得到广泛应用。

当前推广应用情况包括以下几个：

（1）构建虚拟战场。近年来，美国陆军部队在前往阿富汗、叙利亚等地（特别是地形异常复杂的城市地区）执行任务前，要先利用"同一世界地形"在美国本土训练基地构建与目标区域高度一致的仿真训练环境，反复开展针对性极强的地形适应性训练。参训部队可以在虚拟现实（VR）、增强现实（AR）设备（眼镜、头盔等）的辅助下，"亲眼"看到真实的战场，并完全沉浸其中，感受现场氛围，建立肌肉记忆。实际效果表明，这种训练模式可在很大程度上帮助作战人员避免因不熟悉战场地形环境导致的战略战术失误和人员伤亡，得到了部队的高度认可。

（2）掌握战场实况。2020年，美国陆军第82空降师派驻阿富汗前，曾在训练基地体验过OWT的士兵，主动要求携带OWT三维地形制作系统以及配套的数据采集设备（无人机）与处理软件。到达目的地后，部队利用无人机获取最新的影像，创建作战一线三维地图，分析敌方防御工事的构建情况，发现漏洞，并据此制定任务方案，规划行动路径，开展任务演练，取得了很好的效果。目前，美国陆军已开始为更多的一线任务部队配备该系统。

（3）匹配地形自主导航。近年来，美军多次提出发展不依赖于GPS的自主导航定位手段，构建弹性化导航保障体系，以提高部队在GPS信号拒止环境下的生存力和战斗力。美国陆军在实际应用中发现，通过为地面车辆安装摄像头并提前加载OWT生成的战区三维地图，在无法使用GPS的情况下，可以将车载摄像头拍摄的实景影像与三维地图进行对比匹配，从而确定所在位置，实现自主导航。目前美国陆军已经在研发测试中将OWT集成到新型无人战车中，未来计划推广到所有陆军地面作战车辆。

（4）提高目标精度。2020年，美国陆军在德国参加"可靠定位导航与定时（APNT）"演习时尝试将OWT集成到的情报、监视与侦察（ISR）数据共享到分析平台"分布式通用地面系统（DCGS-A）"中，利用其提供的厘米级分辨率数据确定目标位置。结果显示，定位目标所需时间减少约60%，定位精度显著提升，表明该系统可为作战部队实施快速精确打击提供重要支撑。目前，OWT也已经得到美国国家地理空间情报局的认可，下一步有可能作为该局"目标精确瞄准"任务的一个支撑系统。

（5）辅助指挥决策。2021年，美国陆军"会聚工程2021"作战实验中，OWT已在15套系统中得到应用，获得作战指挥员一致好评。"会聚工程2022"中，包括机动任务指挥系统、指挥所计算环境（CPCE）等作战指挥系统在内的36套参演系统都集成应用了OWT。

4. 建设途径

为在确保数据和服务质量的同时，也尽量降低成本、提高效率，美军在OWT项目的研发过程中主要采取了以下几个做法：

（1）统一数据标准规范，整合多源数据。OWT在数据处理时采用通用行业标准和开放源代码，支持美国陆军司令部、联合部队司令部、盟军司令部情报与训练系统之间的无缝集成。同时，系统承包商与开放地理空间联盟等标准组织合作，制定并实施统一的数据标准。在此基础上，OWT整合陆军原有57种不同格式地形库，构建统一标准的三维地理空间数据库，作为陆军下一代虚拟仿真训练环境的唯一通用地形库，以满足未来不同建模仿真需求，节约了相关系统开发、应用、集成所需的成本和时间。

（2）基于现有数据开发，加快建设进度。OWT数据集包括全球基础数据、3D基础数据、3D小图和3D地形数据包。其中全球基础数据包括美国国家地理空间情报局（NGA）、陆军地理空间中心（AGC）的已配准全球地形数据，国家航空航天局（NASA）的雷达测绘影像数据（精度30米），国家海洋与大气管理局（NOAA）的"归一化植被指数"（NDVI，反映植被生长状态与覆盖率），商业卫星影像数据（分辨范围最高可达0.3米），开源路网数据（精度优于1米），全球水深数据（分辨范围达500米）等。这些数据均可通过向合作机构申请、商业采购、社交媒体平台采集、众包等方式直接获取，极大地节约了建库时间和成本。

（3）按需采集补充数据，确保快速更新。在具体应用场景中，为满足部队对数据的现势性要求，需通过卫星、无人机、地面车辆等设备获取目标区域最新影像，快速加工处理后获得最新的高精度数据。目前，已有200多支陆军、海军陆战队和海军部队配备OWT战术手持自动导航制图与观测系统（THANOS），配套的无人机采用的材质类似于泡沫聚苯乙烯，轻巧便携，装配简单，易于操作。负责数据采集的士兵到达目标区域附近后，首先利用便携式电脑在基础地图中标示出需要制作三维地图的区域，随后放飞无人机在该区域上空飞行拍摄，完成数据采集。通过这种方式获取的数据具有极佳的现势性，3D地形测绘精度优于2厘米，可准确、快速反应战场真实场景与动态变化情况。

（4）利用先进商业技术，实现智能处理。OWT数据分析处理利用最先进的商用技术和软件，可高效、自动完成特征点提取与描述特征匹配、空间数据自动识别与分类（建筑物、道路、植被、水体等）、点云生成、面片精修、纹理精修等工作。由于处理过程中采用机器学习、人工智能等先进技术和算法，不仅自动处理的规模、效率、质量显著提升，还可以实现语义识别以及语义信息与地理空间数据的融合，提供建筑物材质、土壤强度与承载力、通行力等信息，为实现"地形可视化"之外的其他拓展功能奠定了基础。

（5）远程本地双向用力，高效存储分发。高精度三维地形的数据量和复杂性远超二维数据，加之部队部署地通常缺少安全、可靠的互联网接入，通信带宽有限，数据存储与分发利用的难度超乎寻常。为在安全存储的前提下实现快速、便捷地分发，美国陆军除提升自身数据传输网络性能外，还引入亚马逊公司提供的"政府云"（GovCloud）存储与分发服务，提升数据管理与使用效率。同时，针对低延迟、安全性、可靠性等需求，其采用边缘计算模式，通过实现大部分数据的本地化处理，大幅减少数据传输量。此外，采取精细化的数据管理模式，可以根据实际任务要求定制数据需求，从而缓解高精度数据调用困难、服务延迟等问题。

3.2.5 探索新型观察感知能力

1. 研发新型成像系统透过障碍观察目标

2020年，斯坦福大学在美国陆军的支持下，利用单光子雪崩二极管和超快脉冲激光器，开发出一种新型成像系统。该系统可以发出超快激光，通过读取反射后的光子，能够在几分之一秒内观察到环境障碍物（如沙子）后面的三维图像。该技术可使士兵在不良视觉环境中具有更准确的态势与威胁感知能力，帮助飞行员在沙尘暴中飞行，或帮助机器人在雾中导航，适用于大型或小型机动平台。

2. 利用电刺激重组大脑活动使士兵保持敏锐感知

2020年，美国陆军研究实验室与宾夕法尼亚大学和加州大学欧文分校合作发现，微妙的电刺激可帮助大脑重新组织活动，快速适应作战任务并更好地做出决策。受动态网络技术启发，研究人员利用微弱的电刺激改变通过大脑的信息流，了解大脑在群体行为中的运作方式，以此来提高人的感觉和认知能力。该技术为改善人机编队合作奠定了基础，未来将发展成为一种先进的神经技术，用于预防或预测个体行为，评估个人认知，使士兵保持敏锐的感知能力。

3. 寻求与传感器相关的人工智能应用研究

2020年11月，美国陆军情报、电子战和传感器项目执行办公室宣称，美国陆军将启动一项核心Linchpin项目，将人工智能和机器学习（AI/ML）引入传感器环境，为作战人员提供态势感知、目标瞄准和情报监视与侦察环境的AI/ML解决方案。此外，该机构还在寻求其他行业解决方案，为美国陆军集成传感器架构、改进型威胁检测系统（ITDS）、高效射频监测和开发系统（HERMES）的现代化工作提供支持。在集成传感器架构上，美国陆军希望能够动态地定位传感器位置,并能从不同地点访问传感器数据,以提高态势感知能力。在改进型威胁检测系统方面,该机构正在探索直升机和其他机型的先进预警能力,能够对不断涌现的新威胁进行实时分类。在高效射频监测和开发系统方面,则专注开发利用信号情报,或空中层面的信号情报传感器。

3.3 指挥控制、网络电磁与通信

3.3.1 CMOSS标准和车辆网络化能力建设

美国陆军正在以"综合战术网"为核心、以2年为周期开发和部署新的"能力集"。正在积极推进"能力集23"的开发和测试工作中的一个重点领域就是C5ISR/电子战模块化开放式标准集(CMOSS)。未来,美国陆军的任务指挥、移动/机动、火力等各种作战功能都将集成在CMOSS综合系统中,为实现统一网络、互操作性、车载计算环境及指挥所的机动性和生存能力等目标奠定基础。

在2021年度"网络现代化实验"(NetMoDX)中,美国陆军检验了C5ISR/电子战模块化开放式标准集(CMOSS)在实现车辆通信转型和新技术利用方式方面的潜力。

1. 即插即用的标准化硬件方案

CMOSS使美国陆军能够将内嵌定位、导航与授时(PNT)、任务指挥应用程序或无线电波形等网络化能力的硬件卡插入战术车辆的通用加固式底盘中。这种办法能够为定制化安装和升级单个通信系统提供"即插即用"方案,极大降低了尺寸、重量和功率。

美国陆军正在提高CMOSS的开发速度,将在网络"能力集23"(CS23)中初步提供CMOSS能力。CS23中的CMOSS主要面向电子战能力,而"能力集25"(CS25)中将实现其在更多其他领域中的能力。

2. 网络现代化实验

"网络现代化实验"（NetMoDX）在美国陆军 C5ISR 中心的地面设施中举行，由来自 C5ISR 中心及美国陆军战术级指挥、控制、通信项目执行办公室（PEOC3T）等项目办公室的科学家和工程师们对美国陆军研究和开发界及工业界的新兴网络能力进行评估。在 NetMoDX2021 期间，工程师们在一辆满足 CMOSS 部署标准的"斯特赖克"战车上首次演示了初步的 C5ISR 能力融合方案。

PEOC3T 表示，在实验期间对同一个底盘内的 PNT 卡、终端支持模块（TSM）无线电波形卡与美国陆军车载任务指挥应用程序卡之间的互操作性进行了测试，并利用"奈特勇士"能力演示了与 UH – 60 直升机和徒步士兵之间的空 – 地和地 – 地互操作性。

具备了快速更换硬件卡的能力后，美国陆军就能够根据不同任务类型对车辆配置进行变更以应对不断变化的威胁，并提高车内士兵的生存能力。

3. CMOSS 车载外形规格项目

美国陆军实现 CMOSS 的项目称为"CMOSS 车载外形规格"（CMFF）。该项目的重点是开发一种"通用 A 套件"，提供具有一种或多种标准化底盘的平台。目前，这种标准化底盘已经用于动力、网络和无线电频率的分配。

作为 CMOSS 系列化实验的一部分，CMFF 小组正与地面作战系统（GCS）项目执行办公室协作，将 CMOSS 标准化使能技术引入产品线中，包括随 CS25 部署的"斯特赖克"和"艾布拉姆斯"网络和平台现代化优先项目。

NetModX2021 期间，美国陆军在 CMOSS 原型方面开展的工作主要是促进技术的成熟，使美国陆军的各个项目最终都能够以符合 CMOSS 标准的形式采购新装备。本次实验除了对 CMOSS 原型的 PNT

设备卡功能进行了测试之外,还降低了可靠 PNT/空间跨职能团队于 2021 年 10 月举行的 PNT 评估演习(PNTAX)的风险。PNTAX 将与"会聚工程 21"演习相结合,聚焦于 GPS 受挑战的作战环境以支持"联盟及联合全域指挥与控制"(CJADC2)概念。

4. 工业界最新技术的作用

2021 年 6 月 2 日,在马里兰州举行的"技术交流会"(TEM6)上,美国陆军向各家合作公司说明了如何采用必要的标准以确保其能力能够插入美国陆军车辆平台的底盘中,并实现平台中各项能力的互操作。技术交流会还为工业界提供了美国陆军 CMOSS 发展路线图,并为工业界提供了关于技术应用领域的指导。在这次交流会后,美国陆军网络跨职能团队(N-CFT)与 PEOC3T 即宣布着手拟制白皮书,开始挑选工业合作伙伴来进一步推进美国陆军的 CMOSS 项目。

在 NetModX2021 期间,6 家供应商演示了符合 CMOSS 标准的不同产品,这些产品均能够轻松插入车辆底盘中。美国陆军中负责 CMFF/CMOSS 的官员表示,通过推进能够快速插入新技术的项目,美国陆军能够获得相关技术的主导权并创造更多的竞争优势。

为了吸引更多的公司加入竞争,美国陆军还参与到像协作性研发协议等公私合作关系中,并参加了高级开放式体系架构联盟。高级开放式体系架构联盟是工业界主办的论坛,吸引了来自国防部和学术界的人员,目的是开发能够跨军种兼容的标准。各军种应用相同的标准是非常重要的,美国陆军应该设法集成空军或海军开发的能力,而空军或海军也应设法集成美国陆军开发的能力。

NetModX2021 顺利完成了 CMFF 原型测试,因此,美国陆军将继续通过实验室和战场环境下的各种实验来改进 CMOSS 的各项能力。这些实验的目的是将 CMOSS 从原型顺利过渡到产品。CMFF 和 CMOSS 将使美国陆军能够快速应用新技术,这对于美国陆军与当前和未来的对手作战时赢得胜利至关重要。

3.3.2 利用智慧城市基础设施提供通信支持

美国陆军认为，在未来智慧城市中，传感器网络会为民所用并为政府服务，例如环境监测或交通流量优化，而美国陆军也正在研究如何利用未来智慧城市的种种能力。

智慧城市环境源于城市物联网基础设施的持续增加，在这种环境中，设备将连接到网络，综合各种功能，并利用数据分析能力提取有意义的信息。美国陆军研究实验室（ARL）正在研究在城市作战中利用物联网作为对军事资产的补充，利用智慧城市基础设施为新兴的战场物联网提供支持，即 Io BT。

这项研究还可为美国陆军的现代化工作提供支持。它可提供一种网络，让美国陆军能够为战争做好准备，能够在任何情况下与任何对手作战并取得胜利。ARL 中的计算机科学家 James Michaelis 博士表示，为了使 Io BT 系统能够以最小的任务风险成功利用商用物联网资产，必须加强对城市环境中商用物联网协议可靠性和互操作性的了解程度。

商业物联网系统依赖一系列通信协议的帮助来完成数据摄取，采用什么协议取决于地理覆盖范围和可传输的数据量。美国陆军相关研究人员重点关注的是 LoRa WAN 远程广域网通信协议，并在 IEEE 第五届世界物联网论坛上介绍了利用 LoRa WAN 在城市环境中支持 Io BT 的内容。LoRa WAN 相比其他通信协议的优势是低功耗和可在物联网基础设施内长距离传输数据。在理想条件下，LoRa WAN 能够成功完成超过 10 千米的物联网信息传输。

然而，美国陆军目前对存在可能成为障碍物的密集城市基础设施情况下的 LoRa WAN 的覆盖范围的了解还不够。为了研究这些能力，美国陆军研究人员使用车载物联网发射机对蒙特利尔的 LoRa WAN 覆盖范围进行了全面测试。研究发现，在蒙特利尔中央商务区的最大可靠传输距离是 5 千米。这一距离是利用 915 兆赫兹北美 ISM 频段上针对 3 个独立的 LoRa WAN 数据传输速率实现的，每种速率都能够传输不同长度的物联网设备消息。这些发现有助于在存在密集城市基础设施情况下增强 LoRa WAN 的可靠性。

为了支持 LoRa WAN 测试，美国陆军研究人员组合应用了 ARL 开发的物联网架构和一系列商业可用软硬件。ARL 最初开发该架构是为了支持将商业现货产品集成到更广泛的指挥控制系统中，以支持战术作战中心的态势感知和决策支持能力。

相关研究人员正在将这项测试的数据应用于另 2 个研究领域——覆盖盲区分析和数据率与覆盖范围的关系分析，覆盖盲区分析用于评估 LoRa WAN 覆盖可能受到阻挡的条件，数据率与覆盖的关系分析用于评估数据传输速率对 LoRa WAN 覆盖的影响。

3.3.3　面向未来作战的电子战能力

自 2020 年以来，美国陆军加快发展面向未来作战的电子战能力。启动"多域作战中的电子战基础研究"和"空射电子战蜂群无人机"等新项目，寻求具有自适应/认知，分布式/协调，抢先/主动能力的面向未来多域战的电子战新装备；重视人工智能在电子战中的应用，开发基于人工智能的"寂静乌鸦"电子战吊舱，推进地面层系统及电子战规划和管理工具（EWPMT）发展，研制新的电磁欺骗工具，从而提升"网络-电磁一体战"能力。此外，美国陆军还采用人工智能等新技术，不断加强电子战装备作战演练，提升战场实战能力。

1. 多域战中的电子战基础研究项目

2020 年 7 月，美国陆军作战能力发展指挥部陆军研究实验室制定了几项研究项目，"多域战中的电子战基础研究"（FREEDOM）项目便是其中之一。FREEDOM 项目将电子战能力视为成功进行大规模战斗和多域战的必要条件。项目的总体目标是彻底变革陆军使用电子战的方式，将单一的精巧平台转化为分布式、去耦合、异构的进攻和防御能力集。FREEDOM 项目还计划将电子战与网络技术整合起来,而当前的电子战和网络技术在运营、研究和系统开发方面仍处于各自为战的状态。FREEDOM 项目旨在提供基础研究和应用研究,从而使美国陆军在网络电磁行动(CEMA)中实现战术优势。

其具体研究内容包括:消除对手的威胁能力、监视电磁和网络空间环境,以及增强战场和网络空间内的机动性等。FREEDOM 项目有三个核心的研究领域:①自适应/认知,即发展能够有效碾压对手决策和技术选项的能力;②分布式/协同,即实现对密集和复杂威胁环境的空时响应;③抢先/主动,即防止或破坏对手发现、识别、跟踪、瞄准我方部队并进行交战的能力。

从 FREEDOM 项目的三个核心研究领域来看,美国陆军在电子战基础技术方面的布局基本上遵循了美国国防部电子战利益共同体所制定的电子战发展路线图,甚至有的用语都与路线图中提出的六大技术挑战高度吻合。先进的理念需要基础技术提供支撑。FREEDOM 项目从某种程度上代表了地面电子战,乃至整个电子战基础技术的长期发展方向,值得持续跟踪并深入研究。

2. 空射电子战蜂群无人机

2020 年 8 月,美国陆军作战能力发展指挥部发布采购新型"空射效应"(ALE)及相关技术信息征询,希望 ALE 能够执行包括侦察、电子攻击、诱骗和自杀式攻击在内的任务。ALE 无人飞行器将作为美国陆军未来先进武装侦察机和攻击运输直升机武器库的关键组成部分,与未来攻击侦察机配合使用,作为一个完全自主的、网络化的蜂群进行作战。在多域作战中,未来攻击侦察机和 ALE 将共同执行对一体化防空系统的渗透、分解和利用,从而为战区指挥官提供建立覆盖范围、杀伤力和自由机动所需的优势。为此,ALE 将具备如下功能:无源探测、识别、定位和报告(DILR)能力,可以在射频/光电/红外频谱内无源探测和侦察;有源 DILR 能力,能够基于射频进一步侦察处于伪装状态下的目标;对敌方一体化防空系统采用可靠诱饵的能力；干扰能力，包括电子战、网络攻击、通信干扰和导航战等。ALE 的评估准备工作持续到 2021 年。

3. 基于人工智能的"寂静乌鸦"电子战吊舱

2020 年 1 月，洛克希德·马丁公司获得美国陆军一份价值 7 485 万美元的合同，用于美国陆军大型空中平台多功能电子战（MFEW - AL）项目第二阶段（系统构建与评估阶段）开发。洛克希德·马丁公司的目标是将电子战和进攻性网络作战能力结合在一个平台上，且基于人工智能技术提升系统应对各种威胁的反应速度和灵活性。

2018 年 9 月，洛克希德·马丁公司获得 MFEW - AL 项目第一阶段开发合同，开发的电子战/网络作战吊舱系统代号"寂静乌鸦"。MFEW - AL 项目第二阶段的开发合同包括 4 个工程和生产研发（EMD）吊舱。吊舱将采用美国国防部的指挥、控制、通信、计算机、情报、监视与侦察（C4ISR）/电子战模块化开放标准套件（CMOSS），吊舱基于"寂静乌鸦"网络和电子战平台进行研发，将安装在 4 级无人机平台（如陆军 MQ - 1C "灰鹰"无人机）上。

"寂静乌鸦"使用机器学习算法来分析其所检测到的威胁信号并即时计算有效的对策，而不必返回基地，将新数据下载给人工分析人员。

在此之前，从 2012 年开始，美国陆军便对网络化遥控电子战系统（NERO）项目开展了工程分析和备选飞机论证工作，并最终确定利用 MQ - 1C "灰鹰"无人机进行飞行试验。项目主要利用无人机平台搭载电子攻击载荷，从空中对敌方通信系统进行远程电子攻击。2013 年 5 月，雷锡恩公司将两套 NERO 吊舱交付美国陆军。2014 年 3 月，美国陆军对装备了吊舱的"灰鹰"无人机进行了首次飞行试验。2014 年 6 月，美国陆军在犹他州达格威试验靶场的大盐湖沙漠山区再次对搭载了吊舱的"灰鹰"无人机进行了飞行试验，验证了在无人机上部署电子干扰吊舱的技术和战术可行性。

将 NERO 系统部署到无人机上，能够为其提供远程通信干扰能力，控制电磁频谱使用，以支持地面部队作战。与安装到有人机上相比，安装到无人机上的系统的任务执行时间可延长2~3倍，且操作费用更低，还能有效降低作战人员面临的风险。除了计划为"灰鹰"无人机加装电子攻击吊舱外，美国陆军目前还在重点研究如何提升影子（Shadow）等较小型无人机的电子攻击能力。

4. 电子战规划和管理工具

电子战规划和管理工具（EWPMT）是一套可使指挥官和操作人员直观展示、协调和规划电磁频谱作战行动的软件套装。这是一款基于网络的软件，它将综合电子战战场的信息与管理，为营至战区级指挥官提供定制的、用户明确的电磁作战环境显示，其功能包括：生成电子战命令和评估数据、规划和部署电子战装备、指示干扰机并对其他武器系统实施电子干扰，进行电子战损毁评估。通过安装在指挥站电脑或便携式笔记本电脑里的软件，其能对电子战任务进行风险评估，并提出推荐方案。

美国陆军从2014年开始研发，当时计划大约每15个月为一个阶段，通过4次能力投放按阶段开发和交付，2022年部署具备完全作战能力的系统。2016年4月，美国陆军完成了对其的首次能力投放，自2020年开始进行增量1系统的研发工作。其中，增量1系统分为4个"能力投放"（CD）软件系统。雷神公司已经完成了前面3个CD系统的开发工作，2019年10月，雷神公司获得开发和列装CD4合同，CD4将加入更多自动化和机器学习/人工智能技术，能将原始系统数据转换成信号强度及战场干扰的实时态势图，最终目的是形成一个更具机动性，且连接更为紧密的系统。

在2020年9月进行的"网络探索20"中，美国陆军为EWPMT测试了一种新能力，其成功地通过了战术无线电网络传输数据。这是EWPMT首次通过无线数据链来遥控传感器。这种能力对于EWPMT来说非常重要，因为其可以实时地传送信息，指挥官能够更好地了解频谱并快速做出决策。

2020年6月，美国国防部领导层考虑将 EWPMT 作为联合部队协调电磁频谱作战行动的首选工具。国防部领导层也曾表示，要想重建冷战后荒废的电子战作战能力，就必须掌握那些能够直观显示敌人的动向，并能规划和管理己方信号特征的工具。

美军在近年来的作战行动中（包括在叙利亚进行的诸多军事行动）暴露出了许多战斗管理方面存在的问题。而从目前的情况来看，EWPMT 确实可以满足美国国防部在电磁频谱战斗管理能力方面的诸多需求，是电磁频谱战斗管理（EMBM）的主要备选工具。

另外，EWPMT 还可以与多功能电子战（MFEW）系统进行动态交互。多功能电子战系统为美国陆军提供电子攻击和电子战支援能力，分为六型：大型地面型、小型地面型、大型空中型、小型空中型、固定站型和徒步士兵型。

5. 模块化电磁频谱欺骗系统

2020年11月，美军认为，在大国竞争中，对手可以通过电磁频谱定位美军部队并监测士兵的行动，使美军难以享有传统的信息优势。电磁频谱是极其重要的空间，在电磁频谱中进行欺骗已经成为美军的高度优先事项。为此，美国陆军正在积极寻求"模块化电磁频谱欺骗系统"（MEDS）。MEDS 不仅可以通过发出电磁噪声掩盖己方战斗人员的电磁特征，阻塞对手的电磁监视，更重要的是它可以实现电磁频谱欺骗功能。MEDS 目前还处于概念阶段。美国陆军希望其可以模仿从小股部队到中心指挥所的电磁辐射特征，并能够体现出整个战斗的进程。这样做的目的是欺骗对手，使对手陷入决策困境并浪费资源来查证这些电磁特征的真伪，从而延缓决策周期，这可以使美国陆军在战场上占据优势。美国陆军可能会在未来几年内部署 MEDS 的某些能力，其对一些相关技术已经进行了原型设计和实验。

6. 反无线电控制简易爆炸装置电子战系统

虽然美军已逐步从伊拉克、阿富汗战场撤军，但随着与先进商业技术的结合,以简易爆炸装置为代表的简易威胁不仅可以应用于非对称战争环境中,还可以广泛、高效地应用于现代化高层级部队进行的大规模、国与国之间的冲突。因此,在认识到简易爆炸装置的威胁是持久存在的、全球性的之后,美国陆军不断升级改造其简易爆炸装置对抗系统,对技术进行拓展和创新。针对无线电控制的简易爆炸装置威胁,美国陆军在战场部署了一系列联合反无线电控制简易爆炸装置电子战系统,其中包括车载式 AN/VLQ－12CREW 公爵 V3 系统。公爵系统由 SRC 公司研制,包含两个单元(主单元和副单元)。主单元用于对抗 A 和 B 波段的 IED 威胁,副单元则用于处理 C 波段威胁。2018 年,SRC 公司与美国陆军合作,将一批公爵 V3 系统升级为公爵 V5 型号。对公爵主单元的硬件升级是正在进行的第一阶段。该阶段的主要任务是解决技术老化问题,并改进系统能力。对公爵副单元的硬件升级正处于初始需求与定义阶段。

随着系统的不断升级,公爵系统改进了原有的反简易爆炸装置功能,成为一种进攻性电子攻击设备,一种强大的干扰机。下一代公爵系统的能力扩展更是将电子战与网络行动综合在一起,进行基于协议的攻击。在这种情况下,该系统将不再只是对简易爆炸装置与触发装置之间的通信信号实施干扰,而是在它们的通信链路软件中植入某种能够快速作用的病毒,使其失效。

3.3.4 指挥所计算环境专用软件开发

"网络态势理解"(Cyber SU),是一款专为地面指挥官设计,使指挥官能够更好地了解所处网络和电磁环境,从而做出明智决策的软件。2022 年 6 月,美国陆军批准了该项目的第一个增量部署计划,重点是增强对友军网络及其威胁的态势感知,并于 8—9 月装备至第一支部队,还计划 2022 年第四季度到 2023 年第三季度再装备 11 支部队。美国陆军为"网络态势理解"项目制订了三次增量开发和交付计划。2022 年 10 月前,该研发团队在进行第二轮开发工作,重点是观察作战空间，计划在完成之后对其进行测试和作战评估。"网络态势理解"是首个专门为美国陆军指挥所计算环境开发的程序。

3.3.5 自主网络、5G、量子通信等

1. 利用自主传感器创建无线电网络

美国陆军未来战场通信所需的一项关键能力是能够实时创建通信网络，并允许多个节点之间传递数据。当前的无线电通信网络需要无线电设备始终处于通电状态，故耗电量大。美国陆军研究实验室开发出一种通用传感器无线电装置。该装置平时处于睡眠模式以节省电量，但仍可监控通信，在有通信需要时能够即刻唤醒实时创建无线电网络，提高士兵与指挥所或其他士兵的通信能力。这种实时创建的无线电网络几乎不需用户干预，可自主适应当地条件，能量效率与陆军传统无线电台相比提高了20倍以上。该技术在减轻士兵负荷的同时延长了通信时间，从而提高通信质量。此外，美国陆军研究实验室节能通信团队还致力于研究无线电适应性，使无线电通信网络能够根据干扰或噪声等条件来调整数据传输速率和功率。

2. 以超薄射频开关实现最高5G频率接入

在美国陆军研究办公室的资助下，美国得克萨斯大学奥斯汀分校和法国里尔大学合作，利用夹在一对金电极之间的六方氮化硼纳米材料，研制出超薄射频原子开关。这种开关可有效接入最高5G频率，并能实现6G及以上频率连接，传输速率达每秒100吉比特，与当前的射频开关相比，能量效率提高100倍以上，可以延长移动通信用电池寿命，加快用户处理高清数据的速度。这种超薄射频原子开关工作带宽和频率范围大幅增加，能够以100吉赫兹的频率传输高清视频，是首款工作频率范围覆盖吉赫兹到太赫兹的射频开关，未来有望成为6G技术发展的关键。这种射频开关可广泛集成到可穿戴设备、卫星系统、智能无线电系统和物联网中，改变美国陆军的通信方式。

3. 通过悬浮冻结原子实现量子网络

美国陆军研究实验室将数百万个铷原子束缚在激光束中并冷却至接近绝对零度的极低温度；同时，将量子信息储存在冻结的原子中，解决了量子纠缠的产生和分配问题，创建出可检索的量子全息图。利用该技术可一次存储多个量子激发模式，为制备全息量子存储器奠定了基础。全息量子存储器能够存储数百个甚至数千个量子比特，是未来陆军量子网络的基石。量子网络与当前互联网相比，计算能力提高几个数量级，通信和传感能力也成倍提高。该技术成果将实现功能强大的量子计算机、不可篡改的安全网络和通信，以及用于导航、定时和对敌探测的精密传感器，为未来士兵提供巨大的潜在作战优势。

以上三项内容均被美国陆军未来司令部下属研究实验室评选为2020年度科技十大进展。

3.3.6 数据管理与软件开发

1. 美国陆军寻求用区块链技术实现战术级数据管理能力

美国陆军C5ISR中心正在利用区块链技术实现新的战术级数据管理能力。新数据管理能力的开发是C5ISR中心信息信任计划的一部分，且是美国陆军2021年5月在新泽西州麦圭尔－迪克斯－莱克赫斯特联合基地举行的地面服务网络现代化实验（NetModX）期间测试的几种样机技术之一。信息信任计划旨在为士兵提供一种数学、可验证的方式来审查"从传感器到射手，从生产者到消费者"的数据，帮助指挥官做出关键决策，并通过消除"中间人"攻击确保数据传输到最终用户，以增加用户对信息的信任。此外，美国陆军负责人还在探索提高数据在网络中传输的完整性，通过机器学习应用程序来检测传输数据中的异常等情况。大部分关于数据和信息保证的实验都集中在数据来源上，并利用这种能力在有限连通性的无线电波形战术环境中工作；因此，数据来源实际上是着眼于区块链技术提供不变性或可追溯性。

2. 美国陆军最新云计划

随着美国陆军持续更新其国内外的数字基础设施，"云计划"也在紧锣密鼓地进行更新。2022版"云计划"的重点是利用商业云服务，以及通过"统一网络计划"扩展陆军网络。其将为美国陆军提供更多方面的细节和成熟做法，不仅包括如何利用商业云计算，也包括如何在本土扩展云服务、如何将云环境部署到战术地点，以及如何通过云计算实现美国陆军作战能力。企业云管理机构主任保罗·帕克特透露，该计划目前正在审查中，但没有提供发布的具体截止日期。帕克特还提到，美国陆军将采取适当的投资组合，在美国本土和海外的战略地点，按需部署更多的云基础设施。

3. 美国陆军提出谨慎对待开源软件

2021年11月，Log4J软件暴露出一个缺陷，即攻击者可通过该软件的一个漏洞远程访问网络。而该软件正是美国陆军日常使用的。

开源软件为美国陆军提供了降低系统成本的可能性。但使用开源软件需要强大的代码审查系统，且要在通过审查后才能应用到军队科技中，从而确保代码安全，防止对手插入后门软件。目前，美国陆军最担忧的是源代码来自敌对国家。

美国陆军每年在软件许可上的花费已经超过20亿美元，而在国防部总预算可能被削减的政治环境下，节约每一美元已成为当务之急。开源软件仍然是一种选择，但需要更多地关注使用的开源社区代码的来源，这也意味着，美国陆军必须在网络安全方面做更多的工作。

3.4 人工智能与自主系统

3.4.1 美国陆军测试有史以来最大的无人机蜂群

美国陆军在2022年4月底进行的2022年度实验性验证网关

（EDGE22）演习中，在犹他州沙漠上空部署了30架无人机。这是美国陆军测试过的最大的无人机集群，这些无人机将从各种飞机和地面车辆发射，包括Area-I公司的小型空射、一体化管射无人系统和雷神公司的"土狼"无人机。蜂群无人机将聚集在目标区域，使用红外传感器和电子战有效载荷感知敌军，确定他们的位置，并将信息反馈给联网的地面部队。蜂群将自动扫描广阔的地形，向载人平台提供视频和目标信息。这些无人机将携带被动或主动能力，配备光电或红外成像相机、电子干扰设备或强大的弹头，以打击敌方目标。

EDGE演习是美国陆军在"会聚工程"年度演习之前进行的一项风险降低活动，网络和互操作性是其重要的组成部分。

在此之前，美国陆军未来司令部评出的2020年度美国陆军科技进展中提到，美国陆军发展的智能蜂群无人机具备全自主决策能力，可在没有人为干预的情况下进行推理并做出决策，协助士兵完成任务。智能蜂群中的无人机均配备摄像头，每台无人机都可以利用摄像头观察周围环境，独立推测附近无人机的大小、距离和运动状态，并通过机器学习相互模仿、彼此实现通信，以共同实现集群目标。

3.4.2 用于视觉增强系统的混合现实软件

美国陆军利用虚拟现实技术进行武器装备的试验鉴定，并已在海陆空无人机系统进行了试验鉴定。国防部研究与工程副部长办公室在2018年年底发布的《实验原型指南1-0》中明确指出美军的虚拟原型开发工具包括增强现实、混合现实和虚拟现实，以及高级建模仿真、人工智能、机器学习等。

在此指导下，美国陆军研究实验室、阿伯丁实验中心和达格韦试验场联合开发混合现实技术用于试验鉴定的三维数据可视化，实现化学试验的交互式试验鉴定。该研究使用统一的游戏引擎和全息透镜工具包开发增强现实软件，实现了化学云层扩散的可视化，直观动态地表示三维数据，效果如同在真实世界的交互式实验鉴定。

美国陆军实验鉴定相关部门在实地试验中收集了大量数据，但由于时间有限、无统一的数据表示和可视化方法等原因，相关部门只能分析小部分数据。2020年，试验鉴定人员使用二维谷歌地图进行数据分析，限制了在二维空间直观表示三维数据并有效分析数据的能力。同时，新兴的虚拟增强现实技术使三维数据可视化效果更佳。因此，美国陆军试验鉴定部门试图使用虚拟增强现实技术进行数据的三维呈现和交互鉴定等。该研究也得到了国防部超级计算资源中心高性能计算现代化项目的支持。

相关软件于2018年夏季开发，运行环境为小型本地计算机或高性能计算机，可以无限扩展。软件可被部署到各种硬件平台，但要求目标平台是微软全息透镜混合现实设备。

软件主要使用混合现实技术扩展对三维数据的计算、可视化和浸入性分析。用户可使用单一账号查看数据，或链接至其他用户端共享体验，实现多个用户的实验规划、分析和鉴定的全新协作方式。

软件使用微软的开源混合现实工具包创建在微软全息透镜上运行的统一软件。混合现实工具包提取了低级别应用程序接口（API）调用，监测全息透镜传感器的手部移动，还允许开发人员在全息透镜设备中编程。软件创建的分层用户界面，可与环境无缝交互，界面允许实例化对象、输入逗号分割变量数据以及进行不同场景的工作。用户界面的生成按钮，可在场景中生成三维模型，用户可以在平台上选择任何模型，通过边界框进行模型的缩放、旋转和删除。"控件"按钮可播放和暂停并清除场景中对象，用户通过三维模型建立实验场景，使用云模拟代码参数生成云模拟，如果设置了场景并仿真，则在用户对虚拟实验不满意时可暂停仿真并重建实验场景。"菜单"按钮允许用户在应用程序的场景之间切换，在规划场景中将文件浏览合并，能与现实桌面场景一样四处浏览和检查数据。

在实验鉴定中，软件使用美国陆军鉴定中心和达格韦实验场实验的化学云数据。由外部传感器收集数据，捕捉化学云层中化学物的浓度，通过融合多个传感器的浓度，在化学云中制定一个三维体素网格，以此来代表露天场景中化学云爆炸的浓度水平。

与传统可视化系统的数据子集映射到可视化分析端点和数据的作用不同的是，该软件的可视化分析提供了基本的可视通信能力，促进了可视化本身的推理、规划和决策。用户或分析人员可覆盖实验和建模数据，可与数据交互更改参数并重复模拟，根据新的模拟重新实验，直接从可视化中引入新的参数或统计量，并可在一系列显示设备上完成所有操作。可视化分析减少了分析数据获得结论的步骤，以及用户和分析人员的认知工作量。

3.4.3 数字士兵：用于城市战环境的人工智能系统

为提升城市环境中士兵的态势感知和作战能力，美国陆军研究实验室启动了认知和神经生物工程协同技术联盟研究项目，以寻求利用基于神经科学、工程学和心理学等方法将士兵与作战系统融合，利用人工智能和虚拟现实等技术构建"士兵即系统"的新型作战能力，目前已经开展了数字士兵等方面的研究工作。

美国陆军构想了这样一种未来城市战场景：步兵正在敌方的火力压制下清理城市建筑，此时无人机探测到附近有一支敌方作战小队正埋伏在墙后。随着不断清理房间并在敌方火力下逐步转移，美国陆军士兵需要迅速获取前方埋伏的敌军信息。这些信息不仅左右着士兵的生命，还决定着战争的胜负。如果人工智能系统能够根据无人机和其他高速机动信息源发送的信息快速分析出敌军位置、武器和从属关系等，并将其传送给士兵，就能够为士兵提供决策优势。

目前，美国陆军虽然从技术上可以实现上述功能，但无法满足战场上高速信息处理的需求，而人工智能算法驱动的程序可以在几毫秒内将最新信息与已有的各种数据库进行对比和区分，为士兵提供决策信息。因此，美国陆军研究实验室开展了认知和神经生物工程协同技术联盟研究项目，寻求利用人工智能和自主化技术来大幅提升士兵的决策速度；同时，还能保留人特有的关键决策能力。

1. 士兵即系统

未来，在人工智能技术的支持下，士兵使用的各种系统可快速开展程序化功能，并为人的决策提供支持信息，这个决策过程被称为"士兵即系统"，即利用计算机网络和最新算法将士兵操控的各节点无缝集成。未来，美国陆军将利用单一架构来连接士兵的夜视镜、可穿戴计算机、显示移动数字地图和时敏情报数据的手持式设备、各武器站点、声学和光学传感器以及移动电源等装备，并通过各种自动化和人工智能应用程序来提升团队信息共享和决策能力，这将大幅改变未来的战术和战略场景，提升士兵的生存能力。

美国陆军研究实验室正在与陆军未来司令部下属的士兵杀伤力跨职能团队合作，以便将"士兵即系统"的架构概念推广到陆军班组级部队。自主性系统可从各种系统中获取和处理数据，并为指挥官和士兵提供有用的决策方案。随着越来越多的智能化技术的使用，未来战场的本质和士兵执行任务的本质将发生翻天覆地的变化。

2. 数字士兵项目

美国陆军的认知和神经生物工程协同技术联盟中包含许多业界合作伙伴，如 Booz Allen Hamilton 公司。2019 年 10 月，该公司获得美国陆军授予的价值 5.61 亿美元的"数字士兵"系统开发合同。"数字士兵"系统可更好地连接战场士兵的所有单兵设备，并将通过虚拟现实等技术为士兵提供训练辅助。

该系统可识别视频中的人及其行为，一旦发现有人举起武器，就会立刻向士兵的平视显示器或在附近飞行的无人机发送提示信息。此外，该系统能够创建一个逼真的虚拟现实环境，士兵们不需要上飞机就能够进行跳伞等训练，从而帮助士兵们培养正确的跳跃姿势，并完成规定动作。

Booz Allen 公司正与美国陆军和其他业界伙伴共同探索决策过程

中自主系统和人之间的关系。相关研究发现，战争中存在诸多互相交织的复杂变量，而机器和计算机算法在这方面的处理能力较弱。即便是最好的人工智能系统，也无法完成特定类型的判断决策、感觉或与人认知相关的其他动态任务。

3. 适应士兵需求的人工智能系统

2019年4月，美国陆军研究实验室的科学家发表了有关利用人的大脑活动信号来训练人工智能系统的论文，寻求优化人-机组队的性能。未来，先进的人工智能系统可以动态响应士兵需求，并自适应地辅助士兵完成任务。

在战场上，士兵可同时执行测量地形、通过特定区域、接收通信信息、评估威胁等多项任务，这些任务是在大脑不同区域的指挥下执行的。研究人员希望能够分析士兵执行任务时大脑中的数据，以确定各种数据对应的任务。通过学习大脑各区域如何合作完成任务，科学家可构建能够预测任务完成方式的人工智能系统。

研究人员对30名受试者进行了脑部核磁共振成像，以绘制大脑中注意力、运动技能、视觉和听觉系统等九大认知系统之间传递信息的组织通路。另外，研究人员还将组织通路地图转换为计算模型，以了解大脑中各区域之间的工作模式，并运行仿真系统来展示对特定大脑区域的刺激所造成的影响。研究人员开发的数学框架使他们能够在特定仿真中测量大脑活动如何在各种认知系统间同步，此项研究在大脑基本协调原则方面的成果可应用于人-机组队的动态任务分配。

在实验过程中，一名有作战经验的士兵佩戴装有脑电图传感器的头盔，在他观看具有威胁性的图片时，传感器能够检测到士兵的高度焦虑、恐惧和紧张情绪。使用脑电波来标记威胁图片可收集足够多的标注训练数据，从而快速教会机器学习算法识别威胁图像。在战场上，由头盔传感器检测到的表示高度焦虑的脑电波可以传输给同一小队的其他成员，以警告他们可能存在的危险。

4. 面临的挑战

目前，美国陆军开展的主要工作是寻找能够成功分析与人的认知和行为相关的主观性判断方法，如识别言语模式或与人过往行为、倾向或决策相关的各种信息，这类研究工作目前还处于早期阶段，并且也不一定能够解决已知的人工智能限制因素——信息。这是由于问题的含义和推理都是以信息来表示的，而人工智能系统难以完全融合或对比不同信息所处的"生态系统"，如特定信息收集系统只能应对专用的数据集。因此，解决多领域的数据交互问题存在困难。未来的人工智能系统需要能够分析不同信息所处的生态系统，并根据这些分析来融合信息，以提供可靠的输出结果。

3.4.4 人工智能预测与探测

1. 利用人工智能对抗电子攻击

2018年8月27日，美国陆军宣布位于加州的航空航天公司的一个由8名工程师组成的团队在其"信号分类挑战赛"中获胜。该团队结合信号处理和人工智能算法，正确检测出和分类了最大数量的射频信号。

美国陆军在2018年4月启动了这一挑战赛，旨在解决一个战场上对于指挥官来说日益棘手的问题：在一个充斥着电磁信号的战场上，是否有更好的方法来区分友军传输信号和敌方攻击信号，该比赛由美国陆军快速能力构建办公室（Rapid Capability Office）发起。美国陆军给所有49名竞争对手提供了大量的各种无线电信号作为"训练数据"，以便他们能够开发自己的算法。同年6月初，美国陆军发布了一套没有标签的新数据，参赛者不得不对信号进行盲分析和识别。

在电子战中应用人工智能可能有助于美国陆军挫败敌人干扰军用GPS或通信卫星信号的企图，而如何识别友好和敌对的信号是一个持续的挑战。

2. 利用人工智能预测飞机故障大幅降低维护成本

美国陆军一贯依靠阶段性定期维护来维持机队运行，这种维护过程效率低、成本高且需长时间停机。2020年，美国陆军研究了长达15年的飞行数据，包括4 000架UH-60"黑鹰"直升机的130万次飞行数据和100多种不同类型的演习数据，建立了一个功能强大的人工智能模型。该模型能够以接近100%的准确度预测飞机哪些关键部件将发生故障，以及这些关键部件将以何种方式、在何时发生故障。陆军研究实验室还联合陆军航空与导弹研发工程中心开发出一种声发射传感器网络，该网络能实时检测UH-60"黑鹰"直升机机身结构受损情况，并且能够在超过20万个周期的长时间疲劳测试中始终对损伤情况进行识别和定位。这是一项重大的技术突破，有利于开展基于状态的维护或按需维护，可以大幅降低陆军平台全寿命周期成本。

3. 利用实时目标探测模型实现快速决策

2020年，美国陆军研究实验室利用人工智能和机器学习技术，开发出一种基于多专家卷积神经网络的目标识别模型。该模型可以更好地捕获由不同形状、姿势和视角引起的目标变化，其架构与当前目标检测中常用的PASCAL VOC和MSCO数据集相比性能显著提升，能够集成到无人机或地面车辆传感器以及未来士兵眼镜中，捕捉图像和视频，进行目标定位和识别，还能以每秒5~6帧视频的速度进行现场信息处理。这有助于士兵实时了解作战场景，实现快速决策，降低军事行动的风险。美国陆军指出，人工智能技术可使士兵作战效率和决策速度提高10倍以上。当前，人工智能检测算法的日新月异可能已使这项技术落后于时代发展。

总结与建议

伴随着对自身实力掌控世界霸权的焦虑，美国在战略层面上频繁走向"新冷战"，给世界和平与经济全球化带来了重重阴影。这些战略判断也影响到美国军方。美国陆军的视角开始由反恐转向大规模作战，其建设发展方向发生重大变化。

同时，伴随新兴技术的蒸蒸日上，未来战争的作战概念和作战形式正在悄然发生重大变化，世界级的军事革命进入新的时期。新兴技术发展催生新型作战概念，新型作战概念牵引前沿技术发展。作为一支在技术上走在前列的军队，美军正在着力发展能够在复杂、对抗或拥挤的环境中夺取重大军事优势的新概念和新技术。

美国陆军在生存空间和话语权日益受到海、空军挤压的情况下，提出"多域作战"概念提升自身战略地位，希望打破军种、领域之间的界限，最大限度地利用空中、海洋、陆地、太空、网络、电磁频谱等领域联合作战能力，实现同步跨域火力和全域机动，夺取物理域、认知域以及时间方面的优势。在大的国家战略和此概念的牵引下，美国陆军通过明确现代化目标，发布战略、概念、条令文件，成立未来司令部，改革编制体制，集中研发力量推进以六大项目群为核心的现代化技术发展和相应的实验、演习、训练等一系列方式，快速、综合地提升在信息化、智能化条件下与"均势对手"作战的能力。

从现实中可以看出,强大、有弹性的现代化战场信息网络非常重要。结合了天基信息和弹性网络、智能决策的"海玛斯"火炮一度发挥出出人意料的效果。而该火炮也是六大项目群中的一员。速度、射程和协同的概念,在战场上定位目标并以致命手段迅速为其服务的能力,现在已非常重要,未来甚至会更重要。反无人机系统、防空系统、战车等的使用需求也为美国陆军现代化提供了经验。

在美国明确指出我国是其重要"均势对手"的当下,一方面,美国陆军现代化的进程给我军带来极大的威胁,催促我军关注其动向,思考破解之策;另一方面,美国陆军的举措又给我军建设和科技发展带来重要的借鉴意义和参考价值。

例如,在方向上,我们可以学习美军面向未来的建设思路。美国陆军未来司令部的成立,不仅在项目管理上,也在技术发展与储备,作战概念生成、构建与转化,和部队编制改革与试验上起到了重要的作用。它几乎牵引着美国陆军的前进方向。尽管我军是否应在机构上向美国陆军学习还有待讨论,但在战略、文件和具体措施上,面向未来作战场景,有针对性地发展技术和装备,促进编制改革和能力提升,毋庸置疑。至少在未来科技上,我军应该根据我国军事战略需要,实时敏感评估、监测外界发展变化,加强国防科技信息跟踪体系建设,持续提升分析能力,通过产学研合作、国际合作研发、自主研究、集成创新等形式加强前沿技术研究,超前部署跨学科、跨领域、跨行业的联合研究开发和应用,快速推进技术研发和装备发展。

在意识上,我们可以学习美军重视对手、料敌从宽的态度。美国陆军在现代化进程中特别强调在恶劣通信条件下进行指挥作战的挑战,提出构建弹性网络、不依托 GPS 的导航等技术需求,和培养任务式指挥和领导力的人才培养方向。同时,还要突出多域信息的共通共融,尽最大努力加快决策速度,发掘装备组合能力,从而对对手形成战斗优势。此外,还应针对未来作战环境,特别强调大城市作战和网络、信息作战。这对于网络、导航、装备、系统联通性皆不如美军的我军来说，更应该奋起直追。

在技术应用上，我们应该意识到智能化技术装备将成为未来战争的关键赋能器。美军实验和演习的经验表明，人工智能和自主能力将被广泛应用于自主化补给、自主化侦察探测、传感器数据智能分析处理、智能辅助决策以及人工智能赋能攻击等多个任务阶段，可以说几乎贯穿于杀伤链全生命周期。从应用范围可以看出，智能化技术将大大加快杀伤链闭环，降低联合部队的认知与行动负担，针对战场变化快速、灵活地做出反应，促进美军整合"多域作战"能力，这也是美军获取战场优势的关键赋能手段。我军应当大力发展有人/无人协同平台技术、智能算法，体系集成发挥综合效力。

在能力转换上，我们的商用技术可能已成为驱动未来联合能力发展的主要动力。以美军"会聚工程2021"作战实验举例，其使用数据经纬技术源于IBM等大型信息技术企业，多轨道卫星通信系统由商业应用转化而来，第82空降师作战人员佩戴的"一体化视觉增强系统"源自微软公司的增强现实眼镜产品，美国国防部首席技术官还建议美国陆军向游戏业寻求帮助，以发展能在恶劣条件下工作的虚拟现实、增强现实系统。总体来看，推动战争形态由信息化向智能化演进的关键技术——人工智能、机器学习、云计算、无人自主技术、机器人技术，都是商业应用占据绝对优势的领域，谁在商用技术转化应用上通道更顺畅、机制更灵活、跟随更紧密、转化更迅速，谁就能在未来作战能力建设上占据优势。我国头部科技公司也具备雄厚的研发实力，应为我国军队建设提供动力。我军也应该秉承开放式体系架构技术发展思路，尽量利用商业和民间技术储备力量。

考察美国陆军的现代化进程对我军的建设发展而言，还应该注重顶层设计规划、统一建设标准规范。无论是信息化战争还是智能化战争，作战单元、武器平台之间的联接与交互都是通过信息流实现的。掌控战场态势离不开系统之间的信息交流与共享，战争胜利离不开信息系统间的时空统一、数据兼容、指控协同。这就要求在信息系统顶层规划设计阶段就高度重视标准规范统一等问题,以确保数据格式兼容、信息系统互联互操作,具体如下。

(1)应紧贴部队实战需求,稳步拓展应用领域。装备建设和编制改革始终应以实战为牵引,根据部队实际应用需求,时刻进行改进,并适当将其拓展到其他领域。

(2)应开展深度合作共建,聚力破解瓶颈难题。军队装备建设开发与部署推广往往是庞大的系统工程,例如指挥信息系统就需要解决海量数据采集获取,大数据处理分发,跨部门、跨系统的多源异构数据融合等一系列复杂问题。我军在建设时,一方面应该注重与相关部门、单位建立合作;另一方面应该考虑引进最先进的商用技术算法和方案,突破瓶颈。

(3)应重视进行作战实验,加快作战能力形成。通过建模仿真、兵棋推演、实验验证等方法,开展集作战概念、原型系统、试验部队、新型技术于一体的作战实验,是军队推进高端战争备战、智能化军事变革的主要方法途径,也是推动军事创新,加速新质新域能力形成的一条重要经验。我军应该通过设计构筑虚拟、实战化典型作战场景等途径,进行指挥推演、体系仿真、要素分析等一体化集成综合实验,从而发现在复杂且强对抗环境下的作战问题,以实现对各类解决方案的客观评估、快速调整,加快作战能力的快速生成。